# 돈 말고
# 무엇을
# 갖고 있는가

정지우

# 돈 말고
# 무엇을
# 갖고 있는가

세상의
잣대에
휘둘리지
않는

나라는
세계를
만드는 법

마름모

이 책은 좋은 삶으로 가는 여정에 관한 책이다. 여기에는 두 가지 의미가 있다. 먼저 '좋은 삶'이란 무엇보다 맹목적인 성공을 지향하는 삶은 아니라는 의미를 담고 있다. 그리고 '여정'이란 결과로 모든 걸 판별하는 결과 중심적인 삶을 지향하는 것도 아니라는 뜻을 지닌다. 나는 이 책의 처음에서부터 그 점을 분명히 하고 싶다. 이 책은 좋은 삶으로 가는 여정에 관한 책이지, 맹목적인 성공에 삶을 재물로 바치는 이야기가 아니다.

오히려 이 책은 맹목적인 성공 담론, 협소한 성공만을 지향하는 각종 자기계발 담론들의 문제를 폭로하는 이야기가 될 수도 있을 것이다. 우리가 진짜 바라보며 추구하고 지녀야 할 것은 '좋은 삶으로의 여정'이지, '맹목적인 성공'이 아님을 끊임없이 이야기할 것이다. 물론, 좋은 삶으로 가는 여정이 언뜻 보기엔 성공 지향적 삶과 닮은 점도 있다. 나태함을 이겨내는 성실함, 실패에 대한 극복, 두려움과 맞서는 용기 등은 어떤 삶에든 해야 하는 중요한 이야기이고, 이 책 역시 그런 이야기들을 담고 있다.

그러나 좋은 삶으로 가는 여정은 맹목적인 성공 지향적 삶과 그 출발점이 다르다. 무엇보다도 좋은 삶을 위해서는 '성공' 그 자체에 대해 끊임없이 물어야 한다는 점에서 그렇다. 당장 우리는 '성공'이 무엇인가에 관해 한번 물어볼 수 있다. 수많은 사람들이 원한다고 하는 그 '성공'이란 도대체 무엇인가? 1년 안에 100억을 버는 것이 성공일까? 곁에 있는 사람과 한평생 깊은 사랑을 나누는 것? 다양한 인맥들을 여행하듯 만나며 풍성한 우애를 자랑하는 것? 원하는 게임과 음주, 쇼핑을 실컷 하는 것? 수많은 사람들로부터 맹목적인 사랑을 받고 인기를 얻는 것?

많은 경우, 우리는 성공을 원한다고 하지만 정확히 어떤 성공을 원하는지 모른다. 가령 매년 100억의 매출을 성공이라고 하면서도, 정작 30명의 직원을 관리하며 밤낮없이 사업에 대해 고민하고 적지 않은 빚을 지고 있으며, 휴가를 가서도 일에 쫓겨 전전긍긍하길 바라는 사람은 많지 않을 수 있다. 삶에서 어느 단계를 넘어서고 나면, 그곳에는 우리가 전혀 모르는 풍경의 디테일이 펼쳐진다. 우리는 성공을 막연하게만 알고 지향하면서, 마치 유토피아로 데려다줄 것 같은 온갖 말들에 현혹된다.

그런 유토피아가 과연 존재하느냐는 둘째 치더라도, 하나 확실한 것은 우리를 그 환상적인 성공으로 단번에 데려다줄 그 무언가는 없다는 점이다. 보다 정확한 진실은 우리가 어떤 종류의 성공을 지향하든 그 과정에서 무수한 실패와 시행착오를 겪을 것이며, 설령 우리가 믿는 성공에 도착하더라도 그런 실망과 좌절은 끝나지 않으리라는 점이다. 또 하나 확신할 수 있는 것은 '손쉬운 성공'으로 가는 비법이 있다고 말하는 대부분의 무림비급은 웬만해서는 상술을 넘어선 사기에 가까울 수도 있다는 점이다.

내가 변호사로 일하면서 끊임없이 맡게 되는 사건 중 하나가 사기 사건이다. 사기 사건의 구조는 다양하지만, 상당히 많은 경우 각종 사기 사건은 당신에게 '꿈같은' 수익이나 성공을 약속하는 일에서 시작된다. 나의 주식 리딩 방에 들어오면 한 달 안에 원금을 두 배로 늘릴 수 있다, 내가 만든 회사의 코인을 구매하면 1년 뒤 열 배의 가치가 된다, 여기에 당신만 모르는 투자 비법이 있다, 당신은 지금 거저먹는 것이나 다름없는 기회 앞에 있다. 그런 말들이 사기 범죄의 기본 중 기본이고, 기초 중 기초이며, 공통된 출발점이다. 나는 변호사 일을 하면서 그와 유사한 말들이 이 세상에 얼마나 많은지, 즉 사기 행위라 부를 법한 일들이 얼마나 잦고, 사람들이 얼마나 거기에 쉽게 빠져드는지 명료하게 알게 되었다.

그럴수록 나에게 진짜 필요한 것이 무엇인가에 대한 고민도 깊어졌다. 온갖 과대망상과 허황한 말들, 자기만 믿으면 우리를 천국으로 데려다줄 거라 말하는 저 오랜 레토릭들, 타인의 삶을 쉽게 평가절하하면서 자기 쪽으로 오라고 유혹하는 온갖 손짓들 가운데 어떻게 우리가 자기 자신을 지킬 수 있을지를 생각했다. 이 책은 그에 대한 내 나름의 대답이기도 하다.

나는 이 책을 다 읽고 나면, 당신이 곧장 성공으로 향하는 지름길에 들어설 것이라는 식으로 이야기하지 않을 것이다. 나의 가치관에서 그런 말들은 거의 사기행위에 가깝다고 느껴진다. 나는 이 책이 당신이 어떠한 길이든 걸을 수 있는 힘의 기반을 닦아줄 것이고, 당신만의 성공을 찾아가는 여정에 기여할 것이며, 함께 우리의 삶을 고민할 것이라고 이야기하고 싶다.

나는 평생 성장해가고 싶고, 그래서 무너지지 않고 나의 삶을 살고 싶으며, 나의 가치를 찾아나가고 끝내 이 삶에서 내가 믿는 것을 완수하고 싶다. 나는 당신이 누구든 맹목적으로 타인들의 성공만을 좇다가 삶을 허비하기보다는, 당신 또한 당신의 삶을 살 수 있기를 바란다.

한 권의 책이 그런 여정의 발걸음을 조금이나마 북돋을 수 있다면, 나는 한 권의 책이 할 수 있는 일은 다한 것이라 생각한다. 여전히 나 또한 그런 여정을 걸어가고 있는 중이다. 이 책이 당신의 여정에 조금의 참고나마 된다면, 더할 나위 없이 기쁠 것이다. 당신의 여정에 쉼표가 필요하거나 표지판이 필요할 때, 이 책이 작은 힘과 힌트가 될 수 있었으면 한다.

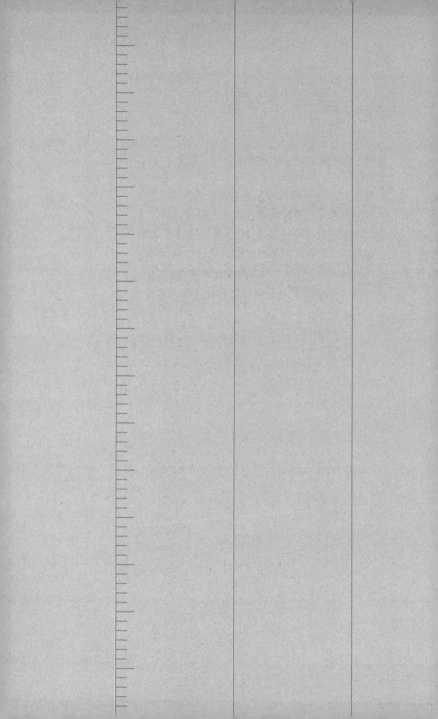

# 1부

# 삶의
# 단계들을
# 지나

# 1. 시작의 노하우

# 사전 준비는 필요하지 않다

사람들은 흔히 무슨 일을 하든 '준비'의 중요성에 대해 이야기하곤 한다. 그러나 많은 경우, 꼼꼼한 준비보다는 당장의 실천이 중요하다. 가령 글쓰기에는 별도의 준비랄 게 필요 없다. 글쓰기 작법서를 읽을 필요도 없고, 강의를 들을 필요도 없다. 글쓰기를 하고 싶다면 그저 오늘부터 쓰기 시작하면 된다. 당장 집 안 구석의 어딘가에 비닐 포장도 뜯지 않은 노트 하나를 찾아내어 지난 주말이나 어제, 오늘의 이야기와 생각을 써보면 된다. 작법서나 강의 같은 건 글을 쓰기 시작한 이후 틈틈이 참고하면 충분하다.

세상의 많은 일들이 그렇다. 일단 시작하는 것보다 중요한 '사전 준비' 같은 건 별로 없다. SNS 마케팅을 해보고 싶으면, 일단 SNS 앱부터 깔고 아이디를 만들고 무어라도 하나 포스

팅을 해보는 게 우선이다. 일단 시작하고 나서 더 심층적인 건 매일 알아가면 된다. 팔로워는 시작부터 1만 명을 목표로 하기보다는, 한 명씩, 열 명씩 늘려가면 된다. 그 한 명이 다른 열 명에게, 그 열 명이 다른 100명에게 나의 SNS를 소개시켜주면서 계정은 조금씩 성장한다. 그러다가 새로운 콘셉트의 계정으로 다시 시작하고 싶으면 '부계정'을 만들면 된다. 포토샵을 잘하고 싶다면, 역시 일단 포토샵을 깔고 유튜브라도 틀어서 따라 하면 된다. 수험 공부나 대학원 공부도 대단한 사전 준비나 계획이 필요할 것 같지만, 중요한 건 일단 시작하고 시행착오를 겪으며 자기만의 길을 찾는 것이다. 무엇이든 하고 싶은 게 있다면 오늘 시작하는 것이 가장 빠른 방법이고, 대개는 유일한 방법이다.

사랑도 비슷할 것이다. 사랑을 하기 위한 준비랄 게 있을까? 다이어트, 스펙 쌓기, 사랑에 대한 책 읽기, 그런 것들을 미리 다 해둔 다음에 사랑을 하는 걸까? 그보다는 당장 오늘 사랑할 만한 사람이 있을 곳으로 찾아 나서거나 곁에 있는 사람을 사랑하는 것만이 사랑을 시작하는 유일한 길이다. 세상에 완벽한 준비를 갖추고 사랑하는 사람은 없고, 설령 철두철미한 준비를 하더라도 모든 사랑에는 시행착오의 순간이 필연적으로 찾아온다.

그래서 나에게는 무언가 하고 싶은데 곁에서 가장 좋은 조언을 해주는 사람이란 '일단 이것부터 해봐'라고 말해주는 사람이다. '일단 어떤 온라인 카페에 가입하고 스터디부터 해봐, 일단 블로그에 가입해서 글 한 편만 써봐, 일단 어느 동호회라도 가입해서 다양한 사람들과 어울려봐.' 그렇게 일단 무언가를 당장 하라는 조언만큼 인생에 필요한 게 없었다. 인생에는 당장 해보라는 조언이 가장 필요한 순간이 반드시 있다.

좋은 책도 그런 책일 것이다. 좋은 글쓰기 책이라면, 읽다가 책을 덮고 당장 글을 쓰고 싶게 만들어야 한다. 좋은 사랑 책이라면, 당장 책을 집어던지고 사랑하는 사람에게 달려가고 싶게 만들어야 한다. 좋은 마케팅 책이라면, 당장 인터넷을 켜서 SNS에 가입하고 싶게 해야 한다. 우리를 실천 앞에 놓아주는 것들, 사람들, 목소리들이 우리는 늘 필요하다. 그런 무언가가 있다면, 그것에 참으로 감사해야 할 것이다. 무엇이든 완벽하게 준비하고 시작하겠다는 마음은 성실한 마음일 수도 있지만, 거기엔 사실은 위험에 대한 두려움이 더 큰 지분을 차지하고 있을 수도 있다.

여기에서 우리는 '위험'에 관해서도 다시 생각해봐야 한다. 나는 근본적으로 삶이란 '너무' 위험해서는 안 된다고 생각한다. 그러나 동시에 전혀 위험하지 않아서도 안 된다. 결혼이란 근본적으로 위험한 일이다. 한 사람과 평생을 함께 살겠다는 맹세는 모든 시대, 모든 사람들에게 무모한 일이다. 아이의 탄생은 더욱 위험하다. 탄생과 죽음은 되돌릴 수 없기 때문이다. 꿈에 자신을 내던지거나 수험 생활에 투신하는 것도 어찌 보면 위험한 일이다.

우리가 하나의 생명으로 태어나서 살아간다는 일은 위험을 피할 수는 없는 일이다. 세상 모든 생명체는 위험에 맞서 자신만의 생존 방식을 만들어나간다. 그러나 위험에 대한 두려움 때문에 아무것도 시작하지 못하고, 선택하지 못하고, 헌신하지 못한다면 우리에게는 그 '생존 방식'이랄 것 자체를 만들 기회가 없어진다. 그래서 우리는 한발 한발 조금씩 위험의 '간'을 봐야 한다. 나를 죽이지 않는 것이 나를 강하게 한다는 니체의 신념을 참고하면서, 다소 위태로운 줄타기를 이어가야 한다. 위험하지 않은 일들은 과감히 시도하되, 위험이 있는 일들 앞에서는 돌다리를 두드려보고, 그렇지만 조금씩 더 깊이 들어가며 우리의 삶을 만들어야 한다. 그래서 삶에 관해 이야기할 때는 '용기'를 말하지 않을 수 없다. 이 책에서는 차차 그 모든 이야기를 이어갈 것이다.

# 시도할 용기

시도해보는 일의 중요성을 이야기하기 위해, 한 가지 예를 들어보고자 한다. 자기 분야에서 큰 성과를 이룬 사람들에 대한 일종의 사고실험이다. 가령, 메시는 한 시대를 풍미한 최고의 축구 선수로 알려져 있지만, 나는 메시와 같은 세대 중에 그정도 선수가 될 잠재력을 가진 사람이 10만 명쯤은 있었을 거라 생각한다. 다만, 그중 누군가는 열 살쯤 내전으로 희생되었거나, 외국의 비디오를 봤다는 이유로 정치범 수용소에 끌려갔을 것이다. 그보다 흔하게는, 공을 제대로 차보기도 전에 아버지를 따라 농사를 짓거나, 부모의 요구로 공부에만 몰두하며 청소년기를 보냈을 것이다.

마찬가지로 BTS의 RM이 1950년대 대한민국에 태어났다면, 지금과 같이 전 세계적인 명성을 얻는 건 거의 불가능했을 것이다. 니체가 당시 독일이 아니라 콩고에서 태어났거나, 아인슈타인이 어릴 적부터 차마고도를 오가야 하는 환경에서 태어났다면 우리가 아는 니체나 아인슈타인도 없었을 것이다.

달리 말하면, 우리는 우리 자신을 제대로 알 수 없다. 내 생각에 나는 축구 선수나 농구 선수가 될 가능성이 전혀 없었다 할지라도, 신의 입장에서 볼 때는 전 세계에서 가장 아까운 선수 재목일지도 모른다. 내가 어릴 적에 친구 따라 속셈학원에 가고 국어 시험에서 100점을 받기 위해 애쓰는 대신 힙합을 듣고 랩을 부르기 시작했다면, 대한민국의 에미넴이 되었을지도 모른다. 그러나 역시 신이 아니라면, 그것을 알 도리가 없다.

그나마 우리가 자기 자신을 조금이라도 알게 될 가능성이 있는 방법이 하나 있다. 시도하는 것이다. 무언가 시도해보는 일은 우리가 우리 자신에 대해 아무것도 모르는 어둠에 작은 불빛을 밝히는 일과 같다. 내가 드럼을 쳐보거나 그림을 그리거나 글을 써보기 전에, 그 일들은 모두 어둠에 잠겨 있는 상태다. 그러나 손을 뻗어 그 일을 시도해볼 때, 내가 시도한 만큼의 영역이 반딧불처럼 반짝인다.

장담할 수는 없지만, 사람은 그 빛이 자기가 따라가야 할 것임을 냄새 맡을 수 있는 최소한의 감각은 가지고 있을 것이다. 그 감각은 우리를 몰입으로 이끈다. 말하자면, 우리가 몇 가지 일들을 시도해본 끝에 고도로 몰입할 만한 일이 생겼다면, 그것이 '신이 보시기에' 합당한 내 삶일 가능성이 있다. 물론, 그렇다고 해서 황해도 해주에서 1950년대에 태어난 RM이 세계에서 가장 유명한 가수가 될 가능성은 거의 없겠지만, 그래도 자기 자신에게 더 어울리는, '자기 자신'이 되는, 자기 자신을 아는, 그런 삶으로 갈 여지는 생긴다.

사람이란 그렇게 자기 자신을 제대로 알 때 더 온전하고 행복하게 삶을 살아갈 뿐만 아니라, 무엇이든 더 잘하면서 충분한 효능감 속에 살아갈 수 있다. 그것이 꼭 거창한 직업적인 꿈이어야 하는 것도 아니다. 하다못해 출근길에 아무 생각 없이 지하철에 실려 가는 것보다, 내가 정말 좋아하는 음악을 알고 그것을 들으며 하루를 시작한다면 훨씬 좋은 하루를 살아낼 수도 있다. 아무 생각 없이 알고리즘을 따라 짧은 영상들에 시간을 허비하는 것보다, 자기가 진짜 좋아하는 문학에 대해 알기만 하더라도 오늘 밤의 질이 달라질 수 있다.

한평생 살아가면서 사람은 자연스럽게 내가 좋아하는 것들을 찾게 되고 누리게 될 거라고 믿기 쉽다. 그러나 실제로 일상을 채우는 것들, 가령 게임, 유튜브, SNS 같은 것들은 내가 진짜 나를 알고, 자기 자신이 된다면 다 치워버리고 싶은 것들일 수도 있다. 그저 가장 쉽고 편하게 손끝에 닿는 것들을 소비하고, 세상이 누리라고 부추기는 것들을 습관적으로 따라가다가 진짜 자기가 좋아할 수 있는 것도 알지 못한 채, 그렇게 끝나버린 '평생'이란 얼마나 흔하고 많을까? 나의 삶이 예외란 법은 없다.

그러니까, 나는 필사적으로 자기 자신이 되어야 한다고 생각한다. 그러기 위해, 역시 시도할 의지를 발휘해야 한다고 믿는다. 시도하면서 자기 자신을 찾아가야 한다. 그렇게 다른 누구의 삶도 아닌 나의 좋은 삶을 살아야 한다. 그것이 내가 생각하는 '시도할 용기'다. 그것이 좋은 삶으로 가는 여정의 첫 번째 연료 혹은 바퀴다.

# 하루 30분의 법칙

만약 당장 무엇이든 시도해보고 싶은데 그 '시도'를 할 시간이 도저히 없거나 너무 어렵다는 생각이 계속 든다면, '하루 30분'의 법칙을 기억해보자. 하루 딱 30분만 해보자. 이 30분은 그냥 보면 하루 30분에 불과하지만, 하루 30분씩 1년을 지속하면 180시간이 넘는다. 책을 30권은 읽을 수 있는 시간이다. 책을 하루에 30분만 읽어도, 1년에 30권을 읽게 된다. 세상에 책 읽을 시간이 없다고 말하는 사람은 많지만, 하루 30분도 없는 사람은 거의 없을 것이다.

그렇게 보면 우리 시대 거의 모든 산업이 왜 그리도 사람의 시간을 빼앗으려 하는지 알 수 있다. 가령 우리가 하루에 10분 정도 광고를 본다고 하면, 1년에 60시간 정도 광고를 보는 셈이다. 1년에 60시간씩 광고를 보는 구독자가 1만 명이라고 하면, 그 채널은 매년 60만 시간의 광고를 송출하는 셈이 된다. 그렇게 타인의 시간이 고스란히 돈이 되는 것이다.

출퇴근 시간에만 지하철에서 책을 읽어도 매년 몇십 권은 읽게 된다. 하루 한두 시간, A4 한 장 분량의 글 한 편만 써도 몇백 편의 글은 쓰게 된다. 책으로 치면 적어도 네 권 분량의 글을 쓰는 셈이다. 핵심은 그 모든 걸 단기적인 목표나 효용의 관점에서 생각하는 게 아니라, 그냥 장기적인 습관으로 여기는 것이다. 내가 몇 년 동안 계속 지하철에서 책을 읽으면 어떨까? 내가 몇 년 동안 '브런치'에 1,000편쯤 되는 글을 쓰면 무슨 일이 일어날까? 조급함 없이 그냥, 그런 삶의 리듬을 만들면서, 한번 조금 다른 하루들을 쌓아가보는 것이다.

물론 그게 꼭 책 읽기나 글쓰기여야 할 필요는 없다. 그저 거의 아무런 의미 없이 사라지는 시간의 소비 정도만 아니라면 좋다. 세상의 가치 있는 거의 모든 것은 시간을 써야만 얻을 수 있다. 그러나 적은 시간으로 단번에 얻을 수 있는 건 많지 않다. 결국에는 오랫동안 시간을 쌓아야 하는데, 그 시간은 손만 뻗으면 얻을 수 있다. '매일' 그 손을 뻗기만 하면 된다.

나는 단기적인 욕망을 자극하는 거의 모든 것에 의구심을 가져야 한다고 믿는다. 가령, 어떤 강의만 들으면 누구나 당장 월 1,000만 원 수입을 얻을 수 있다는 식의 광고들은 믿어선

안 된다고 생각한다. 그보다는 오히려 계속 꾸준히 쌓아나가는 시간의 힘이 훨씬 중요하고, 세상 모든 것은 그렇게 이루어진다고 생각한다. 사랑? 사랑이란 하루 30분의 관심이다. 아이랑 진심을 다해 매일 30분씩 놀아주는 사람이 얼마나 될까. 건강? 건강이란 하루 30분의 달리기다. 지혜? 지혜란 하루 30분의 책 읽기나 명상이다. 그것들이 쌓인 수백, 수천 시간의 힘이 그것들의 윤곽을 드러낸다.

당장 얻을 수 있는 무언가는 대부분 가짜라는 것, 무엇도 바로 얻을 수는 없다는 것, 반대로 무언가를 얻고자 한다면 시간을 꾸준히 끊임없이 오랫동안 쌓아야 한다는 것, 그것이 삶을 만든다. 이 장기적인 관점이 누락된 거의 모든 것은 도박이나 과욕에 가깝다. 그리고 도박이나 과욕의 반대편에는, 이어지는 삶에 대한 믿음이 있다. 우리는 10년 뒤에도 삶을 이어가고 있을 것이다. 그리고 그 10년은 결국 나의 매일에 무엇을 했느냐로 만들어질 것이다. 삶에 대한 아주 단순명료한 진리는, 삶이 그 밖의 다른 방식으로 만들어지지 않는다는 것이다.

# 상승과 하강의 리듬

사람에 따라서는 '시행착오' 같은 것보다는 그저 평안한 현재에 머무르는 걸 선호하는 사람도 있다. 그래서 시도하기보다는 안주하는 평안함이 자신의 삶에는 어울린다고 믿을 수 있다. 물론, 새로운 것을 아무것도 시도하지 않으면 삶의 평안을 유지할 가능성도 있다. 그러나 반드시 그렇지는 않다. 삶의 평안 또는 평화란, 사실 사막처럼 정적인 상태가 아니라 부드럽게 부는 바람 같은 것에 가깝기 때문이다. 가만히 있으면 우리는 평화로움보다는 권태, 갑갑함, 불안, 초조함에 시달릴 가능성이 높다. 오히려 평화롭기 위해서라도 우리의 생은 '운동'할 필요가 있다.

우리가 가만히 있어도 시간은 흘러간다. 삶은 끝나가고 세월도 금방 지나간다. 그러면 한때 평온이라 믿었던 게 너무도 아쉽고 아까운 시간의 기억이 된다. '그 시절에는 시간이 너무 많아 지루해서 그저 시간이 빨리 흐르길 바랐다. 지나고 보니, 그만큼 아쉬운 시간이 없다.' 가만히 있으면, 모든 게 유지되는 게 아니라 잃어간다. 그것이 인간의 운명이다. 현실적인 예를 들자면, 현금을 가만히 보유만 하고 있거나 소득을 매년 똑같이 유지만 하고 있으면 물가상승률로 인해 현금 가치가 떨어지고, 돈을 지키는 게 아니라 잃는 것과 같다.

무언가 새로운 걸 시도해보는 일에는 필연적인 실패가 있다. 기대하기 때문에 실망하고, 시도하기 때문에 실패한다. 바라기 때문에 좌절하고, 해내지 못해 속이 쓰리다. 그러나 그런 것들이 두려워 아무것도 시도하지 않는다면, 우리는 평화를 얻기보다는 시들어갈 것이다. 그래도 어느 순간, 새로운 곳으로 떠나보기로 한 그 시도가 주는 어떤 환희의 순간이 있다. 새로운 것을 해보기로 한 끝에 이따금 만나는 성취감의 기쁨이 있다. 그것들을 만나는 게 생이 하는 일이고, 생의 체험이다.

삶의 평화로움은 바로 그 시도로 걸어가는 용기와 관련되어 있다. 평화는 물러난 곳에서의 움츠러듦이 아니라, 세상을 마치 마음의 집처럼 여기고 거닐 수 있는 마음 상태에 있다. 칼릴 지브란은 그의 유명한 산문시집인 《예언자》(류시화 역)에서 '안락'을 주의하라고 경고한다. 필요한 건 안락이 아니라 생동이다. 방안의 이불 안에 하염없이 파고들 때보다, 세상 어디든 거닐며 세상을 내 집처럼 여기는 순례자의 마음과 용기가 사실은 더 진정한 평화에 가깝다.

언젠가부터 나는 무언가 시도하고 실패하는 일에서 일종의 리듬감을 느낀다. 누군가에게 어떤 제안을 하고 거절당한다면, 그것은 길게 이어지는 리듬감 있는 파동에서 하나의 오르내림 정도로 느껴진다. 그러면 다른 사람에게 제안을 해보면서 이 파도 같은 상승과 하강의 리듬이 이어진다. 그렇게 제안하고 거절당하고, 시도하고 실패하고, 기대하고 실망하기를 반복하다보면, 그 전체가 일련의 거대한 흐름으로 삶의 파도가 되어감을 느낀다. 그러다 어느 순간, 아주 즐거운 환희의 순간들을 만나곤 하는 것이다.

이를테면 열 번의 만남이 실패해도 한 번의 너무 좋은 만남이 있다. 공모전에 100번 낙방해도 한 번의 당선으로 보상받거나, 그때 쌓은 글쓰기 실력은 평생 활용된다. 수많은 시도와 실패들이 나중에는 하나의 이야깃거리가 되고 글감이 된다. 혼나고 상처 받던 일들이 어릴 적의 미숙하고 귀여운 나로 다시 보일 때가 온다. 때론 그런 날들이 너무 그립다. 그런 리듬이 삶이라는 걸 느끼는, 아주 밝은 밤이 있곤 하다. 사랑은 매일 어렵지만 사랑만큼 좋은 게 없다고 느끼는 순간이 반드시 있다.

　삶의 평화로움이랄 것을 느끼는 건 그런 일련의 일들이 어느 순간 나의 이야기로 다가올 때다. 나는 안락만을 찾아 동굴에 숨어든 채로 살지 않았고, 오히려 세상을 거닐고자 하는 여행객이나 순례자처럼 살고자 했으며, 그 덕에 나름의 이야깃거리가 있는 하나의 삶을 살아냈구나, 그런 마음이 들 때, 진짜 평화를 느낀다. 나중에 내 삶이라는 이 책장을 덮을 때가 올 때, 꽤 흥미로운 삶이라는 이야기 책을 한 권 썼구나, 느낄 수 있다면 그것으로 우리는 충분히 잘 살아낸 것이다.

　과거에 나는 완벽주의자에 가까웠고, 완벽한 상태와 삶을 바랐고, 그것은 정적인 이상 같은 것이었다. 그러나 살아갈수록, 나는 내 삶 구석구석에 스며드는 온갖 엉망진창스러움을 사랑한다. 나는 내일 또 시도하고 실패하고 실망할 것이다. 그러나 모레는 신날 것이고, 어느 날에는 기뻐 날뛰다가, 어떤 날에는 그 모든 게 내 삶의 이야기였음을 이해하며 지그시 바라볼 것이다. 나무는 살아 있는 한 성장한다. 인간도 다르지 않다. 살아 있다면, 죽음이 아니라 생 쪽에 속해 있다면, 우리는 시도하고 배우며 극복해가는 길을 택할 필요가 있다. 그 여정이 곧 삶인 것이다.

# 2. 중간의 법칙

# 중간의 지옥을 건너기

이미 '시작'의 중요성을 언급했듯이, 나는 개인적으로 '시작이 반'이라는 말을 무척 신뢰하는 편이다. 그런데 그에 못지않게 중요한 것이 '중간이 가장 넘기기 어렵다'는 사실을 아는 일이 아닐까 싶다. 무엇이든 하고 싶은 마음이 있다면 일단 시작하는 게 어려울 뿐, 시작하고 나서는 시작이 주는 힘에 이끌려 가게 된다. 그러나 시작이 반이라는 말은 달리 말해, 이제 나머지 반은 '시작의 힘' 없이 스스로 이끌고 가야 함을 의미하기도 한다.

시작이 가장 어렵다곤 하지만 어떻게든 일단 시작하고 나면 중간을 넘기기가 또 만만치 않다. 중간쯤 이르러서 포기하는 사람들이 적지 않다. 어떤 일이든지 대개 그 나름의 성과나 결과랄 것이 제대로 나오려면 시간이 걸린다. 중간까지는 아무런 성과가 없을 수도 있고, 노력의 결과가 전혀 나타나지 않을 수도 있다. 그러다보면 이제 슬슬 '포기할 타이밍'을 재게 되는데, 사실 그때쯤이 결과가 만들어질 수 있는 토양이 겨우 마련될 시점일 가능성이 높다.

인내심이나 끈기가 있다는 것은 사실 스스로를 의심하지 않는 능력이 있다는 말에 가깝다. '이것 봐, 나는 안 되잖아. 역시 아무 의미 없잖아. 그렇게 힘들게 시작해서 여기까지 왔는데 아무것도 없잖아. 나는 안 되는 거야.' 이런 의문들이 쏟아질 때, 그냥 믿고 계속하는 것이다. 그렇게 중간을 넘기고 나면 서서히 노력의 의미를 만나게 된다. 이해되지 않던 것들이 이해되고, 통합되고, 응용된다. 예전에는 불가능했던 것들이 가능해 보인다. 여러 가지 의미에서의 반응이랄 것을 조금씩 경험하게 된다. 그러면 또 구부능선까지는 달릴 수 있게 된다. 구부능선까지 달리면, 대개 마지막까지 가게 된다.

예를 들어, 법학 공부에서는 통합과 연결이 무척 중요하다. 가령 헌법이나 민사소송법에 대해 어느 정도 이해도가 올라가면, 행정법과 행정소송법에 대한 이해도가 함께 올라간다. 다만 그러려면 반드시 '중간'을 통과해야 한다. 법학 공부에서는 반드시 중간의 지옥이 오기 마련인데, 이때쯤은 다른 법들과의 관계가 '통합'되기 이전 단계라고 할 만하다. 그런데 이 중간을 넘어서기 시작하면 민사소송법, 형사소송법, 행정소송법 등이 연관되어 이해되고, 민법과 상법이, 행정법과 형법과 헌법이 상호적으로 이해되면서 함께 어우러져 춤추는 무대가 펼쳐질 수 있다.

러닝머신을 달리다보면 숨이 가빠오고 너무 힘들어서 그만두고 싶은 순간이 있다. 처음 러닝머신을 탈 때는 그 순간이 '멈춰야 하는 순간'이라 믿고 내려 한참을 헉헉거리며 물을 벌컥벌컥 마셨다. 그랬더니 가슴 통증이 아찔하게 왔고, 그 통증은 다음 날까지도 이어졌다. 그러나 이제는 그래서는 안 되고, 바로 그 순간을 넘겨야 한다는 사실을 안다. 숨이 가빠와서 그만두고 싶은 그 순간을 넘기면, 어느 순간 호흡이 차분해짐을 느낀다. 그러면 나는 내 몸과 묘하게 분리되어서, 내 몸은 그저 달리고 숨 쉬고 있음을 느끼게 된다. 숨이 차오를 때, 땀이 쏟아질 때, 바로 그 '중간' 지점을 참고 넘기면 숨이 고르게 이어지면서 달려나갈 수 있는 순간이 온다.

이처럼 많은 일에서 핵심은 중간을 어떻게 견딜까 하는 것이다. 이 중간의 지옥을 이겨내는 경험을 여러 번 하다보면, 어떤 일에서든 '이제 슬슬 중간의 지옥이로군' 하는 걸 느끼게 된다. 마찬가지로 이 중간의 지옥을 지나고 나면, 달릴 수 있는 평야가 있다는 것도 믿게 된다. 그 중간의 지옥에서 할 수 있는 일은 거의 하나밖에 없다. 마음속에 어떤 의심이 들고, 의욕 상실의 늪을 헤매는 것 같고, 절망감이나 좌절감이 앞설 때도 그냥 하는 것이다. 다른 생각은 하지 말고 그냥 하는 것이다. 중간의 지옥을 빠져나오는 유일한 방법은, 그냥 하는 것이다.

삶에서는 어떤 일이 과연 내게 어울리는가, 이것이 나의 일이나 나의 길인가, 내가 올바른 선택을 했는가를 알기 어렵고, 그래서 늘 선택의 고민에 빠지게 된다. 그런데 어떤 일이든 중간의 지옥을 지나보지 않으면, 그 일이 나에게 어울리는지 아닌지조차 알 수 없는 경우가 많다. 적어도 중간의 지옥을 지나고 나서, 그것이 만들어내는 결과나 반응 속에서, 이 일이 내게 어울리는 것이었는지 아닌지도 비로소 알게 된다. 어떤 일을 시작조차 하지 않으면 물론이거니와, 중간의 지옥을 지나지 않고서는 내 삶에 가장 어울리는 방식들을 찾아낼 수 없다. 그래서 나는 모든 일에서 슬슬 중간의 지옥이 왔다고 느끼면 이제 곧 이 일의 정체를, 나와의 관계를 곧 알 수 있으므로, 이것을 반드시 통과해야만 한다고 믿는다.

# 가치를 알려면,
# 끈질기게 시간을 투여해야 한다

'시작이 반'이라면, 나머지 반은 끈질기게 이어가며 시간을 투여하는 일이다. 중간의 지옥을 넘어 이 반을 달려가는 것은 단순히 어떤 목표를 '이루거나 성취하기' 위해서만은 아니다. 그보다 더 심대한 차원에서, 어떤 일이든 그 일의 진정한 가치를 알기 위해서는 지리멸렬할 정도로 끈질긴 시간이 필요하다. 시간을 쓰지 않고는 무엇이 내게 어울리거나 가치 있는지, 의미 있는지 알기 어렵다.

우리 시대는 선택할 수 있는 자유, 떠날 수 있는 자유를 가장 중시한다. 그래서 어디에든 깊이 소속되지 않는 것, 무언가를 완전히 선택하기보다는 한발은 빼놓는 것, 온전히 투신하거나 헌신하기보다는 계속 다른 가능성을 염두에 두며 재빨리 방향 전환을 하는 것이 최선이라는 관점이 통념처럼 자리

잡고 있다. 그런 방식은 분명 덜 위험하고 안전한 방식이긴 하지만, 동시에 내가 어떤 일의 진짜 가치를 알기는 어렵게 한다. 정작 선택을 하지 않으면 그것이 진짜 내게 가치 있는지 없는지 알 수 없다.

나는 지금까지 인생에서 크게 세 가지에 나를 던져 넣었다. 첫 번째는 글쓰기였다. 대략 10년간은 작가가 되고 작가로 살며 글을 쓰는 것 말고는 거의 아무 일에도 관심이 없었다. 그렇게 몇 년 동안 수천 권의 책을 읽고 수천 페이지의 글을 썼는데, 그로부터 10년도 더 넘게 흐른 뒤에야 '글쓰기'의 가치랄 것을 스스로 조금은 알게 되어간다고 느꼈다. 내가 글쓰기 책을 낸 건 첫 책을 낸 이후 10년 뒤였는데, 그쯤 되어서야 글쓰기가 내 삶에서 하는 진짜 역할이랄 것에 어느 정도 확신을 갖게 된 셈이다.

두 번째는 가정이었다. 결혼을 하고 아이가 태어나면서 내가 가장 극적으로 느낀 건 '선택의 종말'이었다. 더 이상 내가 만나는 모든 이성이 '가능성'이 아니라는 것, 달리 말하면 그 전까지 스쳤던 이성들에게는 작은 가능성이나마 있었다는 걸 알게 되었다. 그리고 그 가능성 자체를 삭제시키면서, 나는 헌신하기 시작했다. 조율하고, 타협하고, 나를 바꾸고, 그러면서 진짜 관계란 무엇인지 알아갔다. 관계의 진정한 가치라는 것,

헌신의 가치라는 것을 태어나서 처음으로 알게 되었다.

　세 번째는 로스쿨이었다. 그전에는 일반 대학원을 다녔는데 온전히 그 속에 투신하진 못했고, 그래서 수료만 한 채 그만두고 나와버렸다. 그래서 그 일의 가치를 깊이 알지 못한다. 그러나 로스쿨에는, 즉 법학 공부에는 적어도 몇 년간 투신이랄 것을 했다. 밤낮없이 몸과 마음을 갈아 넣었다. 이것은 더 진행되어야 한다고 느낀다. 조금 더 투신하고, 더 이어가고, 더 헌신해야 이 일도, 이 세계도 더 잘 알 수 있을 것이다. 그렇게 처음 로스쿨에 입학한 때로부터 10년쯤 지나서는, '변호사로 산다는 것'에 관해 책이라도 한 권 쓸 수 있을 것이다. 그제야 이 일의 가치를 제대로 이해하기 시작할 것이다.

　투신하거나 헌신하지 않으면, 모른다. 모든 게 아주 단순하게만 보인다. 일이란 다 그냥 돈벌이 이상 아무것도 아니고, 글쓰기도 자기 명성을 위해서 하는 일이라고 생각될 뿐이다. 결혼도 그저 자유를 포기한 바보 같은 일로 보이거나, 육아도 스스로 자처하는 고생과 희생 이상으로는 생각되지 않을 수 있다. 무엇이든 그 '안'에 들어가기 전에는 모른다. '밖'에서 보는 시선은 진실의 100분의 1에도 닿지 못한다.

　가치를 알려면 오랫동안 끈질기게 그것을 경험해봐야 한다. 피땀 흘리는 듯한 어려움과 크고 작은 기쁨들과 시간과 시간이 엮이는 끊임없는 춤을 온몸으로 경험해봐야 한다. 그러고 나면 그제야 조금씩 알기 시작하는 것이다. 선택하지 않은 상태에서는, 선택지들이 그냥 열린 문으로만 내 앞에 있는 상태에서는, 그 문 안에 무엇이 있는지 결코 알 수 없다. 그러니 삶의 가치를 알고자 하면, 무엇이든 선택을 해야 한다. 그리고 끈질기게 시간을 투여해야 한다.

# 중간을 건널 때는
## '정성'으로 건너라

지금까지 시작하고, 시간을 투여하며, 중간을 건너는 일의 중요성에 대해 이야기했다. 개인적으로 여기에서 하나 더 하고 싶은 것은 그렇게 시간을 투여하는 '방식'이다. 단순히 시간을 투여하는 것 자체도 중요하지만, 시간을 '어떻게' 투여할 것인가에 대해서도 고민할 필요가 있다.

흔히 어떤 일에서의 실력이나 능력이라고 말하는 것은 대부분 '정성'이라고 볼 수도 있다. 물론 어떤 일이든 기본적인 능력은 필요하겠지만, 말 그대로 '기본'을 넘어서면 대부분 정성의 문제인 경우가 많다. 예전에 한 지인이 어떤 변호사를 선임해야 할지 물어본 적이 있는데 나는 크고 유명하고 광고가 많이 뜨는 곳보다는 정성을 다해주는 변호사가 최선일 거라고 말해주었다. 크고 광고를 많이 하는 로펌일수록, 박리다매식

42

으로 사건을 쓸어와 소속 변호사들에게 잔뜩 배당해주고 공장식으로 정신없이 처리하게 할 가능성이 높다. 변호사가 아무리 능력이 출중해도 일이 너무 많고 바빠서 일에 정성을 쏟지 못하면, 그 일은 잘되기 어렵다. 소속 변호사들이 자주 바뀌면서 원래 맡던 사건을 회사에 '던져놓고' 나가는 경우도 흔하다. 주장해야 할 주장을 빼먹거나, 판례나 법리를 덜 찾아보고, 실수로 잘못된 주장을 할 수도 있다.

나에게는 글쓰기 수업도 그랬다. 청년 시절, 나 또한 유명 작가의 글쓰기 수업을 많이 들어봤지만, 아무리 유명해도 적당히 해치우고 칼같이 집에나 가려고 하는 작가에게서는 배울 게 거의 없었다. 반면, 유명하진 않아도 한 명 한 명에게 마음과 시간을 쓰면서 정성을 다하려는 작가에게서는 가장 많은 걸 배웠다. 그래서 나도 글쓰기 수업이나 모임을 할 때는, 다른 건 둘째 치고 정성을 다하려고 했다. 그러면 많은 사람들의 글쓰기가 확실히 좋아졌고, 그 사람들과 상호작용하는 걸 느꼈다. 정성을 쏟아 '나의 모든 것'을 주고자 했고, 그렇게 글쓰기를 배운 사람 중에는 나보다 더 좋은 글을 쓴다고 느껴지는 작가들이 많이 생겼다. 중요한 건 그저 정성이었다.

책을 쓰는 일도 다르지 않았다. 한 예로, 나는 《사람은 왜 서로 도울까》라는 책의 집필 청탁을 받은 적이 있다. 그러면서 지금까지 꽤 많은 저자들에게 그 책의 집필이 제안되었다는 얘기를 들었다. 꽤 쟁쟁한 학자들이었지만 집필을 중도 포기하는 등 계획이 계속 엎어졌다고 했다. 사실 나는 인간 이타성의 전문가도, 관련 분야의 학자도 아니었지만, 한번 써보겠다고 했다. 그리고 바로 도서관으로 달려가 수십 권의 이타성 관련 책들을 빌려 쌓아놓고 읽기 시작했다. 시간, 노력, 정성을 기울이니 낯선 주제도 완성된 책 한 권으로 써낼 수 있었다. 관건은 실력이 아니라 정성이었다.

내가 아는 한 훌륭한 학자들은 죽을 때까지 공부를 게을리하지 않는 사람들이다. 계속 공부하고, 쉬지 않고 정성을 다하는 사람만이 훌륭한 학자로 자리 잡는다. 반면 학위논문 쓸 때만 열심히 공부하고 그 이후로는 거의 업데이트 없이 했던 이야기만 반복하는 학자들도 있다. 그런 학자는 인생에서 가장 의미 있는 논문이 박사논문으로 머물러 있다. 나는 진정으로 실력 있는 학자란 계속 정성, 시간, 노력을 다하는 학자뿐이라고 생각한다.

칼럼을 하나 쓸 때도 일필휘지로 쓰고 말기보다는, 그전에 주제와 관련한 기존 담론들이나 자료들을 부지런히 찾아보는 것이 좋은 칼럼을 만든다. 많이 고민하고 많이 읽고 많이 고치면 좋은 글이 된다. 법적 자문을 하거나 법률 의견서를 쓸 때도, 결국 판례나 논문, 유권해석을 얼마나 열심히 찾아보느냐, 의뢰인의 이야기를 얼마나 꼼꼼하게 듣고 사실관계를 잘 파악하느냐가 가장 중요하다고 느낀다. 정성을 넘어서는 실력이란 거의 본 적이 없다.

세상 모든 일이 마찬가지일 것이다. 좋은 관계를 잘 유지하려면 다른 것보다 정성이 중요하다. 대단한 연애 스킬, 출중한 어떤 스펙, 육아서로 무장한 지식, 그런 것들보다는 결국 섬세하게 마음과 시간을 기울여 집중하고 조율하며 타협해가는 것이 사실상 관계의 핵심이다. 정성을 다하는 사람만이 잘한다. 감정, 대화, 함께 하는 일에 대한 고민, 그런 것들에 관심을 깊이 기울이는 것이 정성이고, 그것이 가장 중요하다. 그렇기에 하나의 중요한 능력이 있다면 바로 정성을 다하는 능력이 아닐까 싶다.

그러니 이제 시작했다면, 그리고 시간을 투여했다면, 비로소 중간에 이르렀거나 중간을 지나고 있다면, 다시금 '정성'이라는 문제를 기억하자. 정성은 나의 일과 나 자신과 타인을 진정으로 '깨어 있는 상태'로 대하는 일이다. 항상 내가 진심으로 최선을 다하고 있는지 거듭 확인하는 일이다. 그럴 때 우리는 이 일을 온전히 해나가는 상태가 될 수 있다. 정성을 믿으면, 달리 말해 '진심'을 믿으면, 무언가가 반드시 되돌아온다.

# 유연한 시스템 만들기

시작부터 중간을 넘어서기까지, 핵심은 '꾸준한 정성'이다. 무언가를 할 때는 꾸준하게 '깨어 있는 상태'로 정성을 쏟아야 한다. 그렇다면 이 꾸준한 정성을 어떻게 실현시킬 수 있을까? 그 구체적인 방법으로 '시스템'을 생각해야 한다.

사실상 대부분의 일은 얼마나 적절한 시스템을 만들어내느냐가 관건이다. 회사 조직은 말할 것도 없고, 운동이든, 글쓰기든, 악기 연주든, 유튜브든, 그 밖의 어떤 일이든 무언가를 이루어내기 위해서는 단순한 열정, 열의, 에너지만으로는 부족하다. 그것을 지속시키고 지탱해줄 자기만의 시스템, 루틴, 형식을 갖추어야 한다.

흔히 공부의 경우 자기만의 계획과 루틴이 중요하다는 데는 대부분이 동의한다. 그냥 무작정 공부해서 잘하는 사람도 있겠지만, 대체로 '무작정' 하기만 해서 특정 영역의 수험 공부를 잘해내는 사람은 별로 없다. 스스로 어떤 시스템을 만들어서, 그 시스템 속에 자신을 집어넣은 다음, 어떤 단계들을 달성시켜나가는 것이 '공부 잘하기'의 관건이다. 인생의 다른 일들도 크게 다르지 않다.

나는 무엇을 하든 스스로의 에너지 자체는 너무 믿지 않는다. 나의 에너지만 믿기에 나는 너무 잘 질리고, 너무 들쑥날쑥하며, 쉽게 권태와 좌절에 빠진다. 결국에는 그런 나의 에너지 기복과 무관하게 나를 '집어넣을' 시스템을 만들어야만 한다. 글쓰기에 관하여는 마감을 계속 만든다든지, 나만의 SNS나 블로그 업로드 루틴을 만든다든지, 뉴스레터를 발행한다든지, 글쓰기 모임을 한다든지 하는 식으로 계속 글을 쓸 시스템을 만들어왔다. 시스템이 만들어지면, 내 안의 에너지는 그에 맞추어 할 일을 한다.

그런데 이 시스템 만들기에서 중요한 것 하나가 바로 '유연한' 시스템 만들기이다. 시스템이 너무 시스템적이기만 하면, 즉 너무 메마른 형식이기만 하고 유연할 여지가 없으면 그것은 그것대로의 어떤 매너리즘에 빠져든다. 마치 재미없는 로봇이나 기계가 되어버린 것처럼 할 일을 반복적으로 하게 될 뿐이다. 그런 일은 스스로도 견딜 수 없고, 에너지를 생성시키기보다는 갉아먹기도 한다. 그래서 시스템을 만들되, 그 속에 어떤 자유, 변수, 유연성이 포함된 시스템을 만들 필요가 있다.

말하자면, 나 자신이 자발성을 발휘할 수 있는, 나 자신의 자발적인 에너지를 활용할 수 있는 시스템을 만들어야 한다. 정해진 루틴 안에서 글을 쓰되 다양한 글을 쓸 수 있는 여지를 둔다든지, 정해진 시간에 어떤 과목을 공부하되 그 순간 더 하고 싶은 다른 공부가 있다면 순서를 바꿀 수 있는 여지를 둘 필요가 있다. 시스템에 복종하되, 한편으로는 그때그때 내 '에너지의 뉘앙스'에 따라 변형시킬 수 있는 아이언맨의 슈트 비슷한 시스템이 필요하다.

작가 유발 하라리는 《호모 데우스》(김명주 역)에서 인간이 다른 동물과 가장 다른 점은 "유연한 협력"이었고, 이것이 인간의 문명 건설에서 핵심이라는 이야기를 한 적이 있다. 유연한 협력을 달리 말하면 유연한 시스템이다. 사랑과 다정함에도 형식이 필요하다. 인간관계에도 법칙이 필요하다. 병들지 않고 계속 자기중심을 잡아나가는 데도 인생의 시스템, 이를테면 주기적인 기도나 명상이 필요할 수 있다. 그 모든 게 시스템이다. 그러나 필요한 건 딱딱하지 않은 유연한 시스템이다.

사랑은 의무 조항 100개를 만들어 실행하는 근로 계약이 아니고, 원칙은 있되 상황과 맥락에 따라 서로를 배려하는 유연함 속에 자란다. 인간관계에는 몇 가지 원칙들이 있을 법하지만, 원칙을 어길 때마다 '원 스트라이크 아웃'으로 사람들을 '손절'하면 결국 아무도 남지 않는다. 운동, 기도, 명상 등 그 밖의 많은 삶의 시스템들은 우리를 지탱하지만, 거기에만 너무 매달리면 일종의 병이 되어버린다. 우리는 로봇이 아니라 인간이기 때문이다.

그러니까 하나의 삶은 내가 그 속에서 어떤 '유연한 시스템들'을 만들어나가느냐로 정의된다. 나는 내게 책을 읽을 수 있는 시스템, 공부할 수 있는 시스템, 글을 쓸 수 있는 시스템, 육아와 사랑을 할 수 있는 시스템, 독립적으로 성장할 수 있는 시스템 같은 것들을 만들며 산다. 나를 위한 시스템을 만들고, 내 상태에 따라 시스템을 조금씩 유연하게 변형시켜가면서, 그렇게 몇 개의 톱니바퀴가 인생에서 잘 굴러가게 하는 것, 그게 인생의 거의 전부이기도 한 셈이다.

이런 시스템에 익숙해지면, 우리는 어떤 일을 하든 에너지를 덜 쓰고 더 '정성'을 쏟을 여지도 커진다. 정성은 아무것도 없는 백지 상태에다가 하나부터 백까지 쏟는 게 아니다. 오히려 잘 갖추어진 시스템의 여백 안에서 정성을 쏟을 에너지가 생성된다. 훌륭한 교사는 교실에 입장할 때부터 모든 학생들에게 정성을 쏟기보다는, 능숙한 방식으로 학생들에게 규칙을 부여하고 시스템에 따라 수업이 굴러가도록 하면서, 그 틈새들의 순간에 학생들의 문제 등에 예리하게 집중하는 방식으로 '정성의 투여'를 성공시킨다. 정성은 꾸준한 시스템 안에서, 그 시스템 안의 여백에서 탄생한다. 그래서 우리는 결국 유연한 시스템을 만들어야만 하는 것이다.

# 시스템이 삶을 지켜낸다

시스템이라는 말이 거창하다면, 이를 습관이나 루틴과 같은 말로 바꾸어도 좋다. 이것은 특정한 일을 제대로 실현시켜 나갈 때도 매우 중요하지만, 한편으로는 우리 삶 전반을 지켜 주는 근원이 되기도 한다.

나는 이 책에서 특정한 목표의 성취나 성공을 위한 이야기만을 하지는 않을 것이다. 왜냐하면 실제로 나는 인생에서 그런 특정한 '성공'에만 목매면서 살지 않았고, 그것만이 인생의 중요한 측면이라 생각하지 않기 때문이다. 나는 끊임없이 종합적으로 삶 전체에 대해 이야기할 것이다. 그것이 내가 생각하는 진정한 의미에서의 '좋은 삶을 향한 여정'이다. '맹목적 성공을 향한 협소한 자기계발'을 넘어선 이야기를 하는 게 나의 가장 중요한 목적 중 하나다. 그래서 이 '시스템'에 관해서도 성공 지향적이거나 목표 지향적인 측면 외에 다른 이야기도 해보고자 한다. 이는 사람에 따라서는 아주 사소한 이야기라 느낄 수 있지만, 내가 느낄 때는 매우 중요한 이야기다.

나의 생활을 들여다보면, 내가 가진 하나하나의 습관들이 어느덧 나를 지켜주는 의식들이 되었다고 느낄 때가 있다. 불면에 고생하곤 하던 나는 잠을 잘 때 안대를 쓰는 습관을 갖게되었다. 안대를 쓰면 어느덧 잠을 잘 잘 수 있을 거라고 믿게되었고, 실제로 꽤 불안하거나 걱정되는 상황 속에서도 곧잘잠들 수 있게 되었다. 안대로 부족하면 빗소리를 틀고, 그래도 잠이 잘 오지 않을 때는 귀마개를 하기도 한다. 그런 것들이 나에게 '이제 나는 잠을 잘 들 수 있다'라는 최면 같은 것이 되어주고, 그 덕분에 불면의 습관이 많이 고쳐졌다.

커피를 한 잔 마시면 약간의 집중력을 얻거나 더 깨어 있게 되고, 그래서 더 효율적으로 시간을 보낼 수 있을 거라는 믿음이 작용하는 때도 있다. 비슷하게, 글 한 편을 쓰고 나면 정신이 더 맑아져서 시간을 효율적으로 보낼 수 있을 거라는 은연중의 믿음 같은 것도 있다. 한때는 에센셜 오일에 흠뻑 빠져지내기도 했다. 매일 맡는 향기가 나의 몸과 마음을 지켜줄 거라는 믿음이 내게 위로를 주었다. 삶에는 그런 의식들이 채워져 있는 게 좋다. 나를 위해 마시는 매일의 홍삼차 한 잔이나 히비스커스차 한 잔도 좋다. 매일 한 구절 읽는 책이 있거나, 매일 기도하는 시간이 있어도 좋다. 매일 산책하는 시간이나 정기적으로 음악을 듣는 시간이 있어도 좋다.

아내가 임신을 했을 때, 내게 가장 의미 있었던 의식은 매일 밤 아내의 배에 튼살크림을 발라주는 일이었다. 아무리 바쁘고 정신없어도 하루에 일이십 분쯤 그런 시간을 갖는 것이 우리의 관계를 지켜주었다. 아무리 아내랑 싸우고 피곤해도 그런 의식만큼은 지켰던 터였다. 아내가 홀로 서울에 살 적에는 매일 전화를 했다. 아이를 재워두고, 혹은 점심 무렵에 아내랑 이야기를 나누곤 했다. 교환일기라든지, 한 달에 편지 한 편 쓰기라든지, 그런 형식이 정성이 되고, 의미가 되고, 삶이 된다. 아무런 형식도 없이 매일 되는 대로 살다보면 삶이 무너지는 때가 있다. 되는 대로 살지 말고 형식을 갖추어 살아야 한다. 형식이 삶의 내용을 실제로 만들어낸다.

삶이란 그냥 두면 손에 잡히는 실체가 없어서 흘러가는 강물이 된다. 그러나 의식과 규칙이 있으면 박힌 말뚝처럼 삶의 준거점이 되어준다. 그런 것들이 삶에서 나쁜 일들, 걱정들, 불안들이 들끓어 넘칠 때도 삶에 어느 정도의 일관성을 준다. 그 어떤 낯선 곳에서도 안대만 하나 들고 가면 잠들 수 있다. 그 어떤 낯선 곳에서도 블루투스 키보드 하나만 있으면 글을 쓰며 내 집처럼 느낄 수 있다. 그 어떤 불안한 상황 속에서도 매일 듣는 음악 한 곡이 있으면 내가 속한 삶이 어디에 있는지를 알 수 있다. 시스템은 그렇게 우리의 일상을, 관계를, 일을, 나아가 삶을 지켜낸다.

# 어른이 된다는 건
# 시스템을 갖는 일

시스템은 어른이 되어가는 일과도 관련 있다. 어른이 된다는 건 단순히 나이가 드는 것은 아니다. 그보다 자기만의 '시스템'을 가지는 일에 가깝다.

살아가다보면, 어느 날 오후의 햇빛 아래에서 내 삶의 모든 게 엉망진창인 것처럼 느껴질 때가 있다. 이 창백한 햇빛이 너무도 부담스럽게 내 삶의 구석구석을 비추는 것만 같다. 나를 이루는 모든 관계, 나의 모든 일, 내가 애써 지키고 있는 이 자아까지 다 재활용품 수거장에 놓인 찌그러진 패트병들만도 못하다고 느껴진다. 어른이 되어가는 일이란, 때때로 그런 마음을 견디는 일이다.

그와 비슷한 마음으로는, 이 삶의 모든 것을 더 이상 짊어질 수 없을 것만 같은 마음이 있다. 내 등에 쌓인 짐이 너무 무거워서 자리에 주저앉아 엉엉 울어버린 다음에, 그냥 다 놓고 도망가버리고 싶은 마음이다. 그러나 역시 어른이 되어가기 위해서는 그런 마음도 견뎌야 한다.

청년 시절에는 나의 모든 게 엉망인 것 같으면 삶을 '리셋' 하면 되었다. 사람도 정리하고 내 안에 웅크려서 책만 읽고 영화만 보며 한 시절을 보내고 나면 조금씩 괜찮아지는 때가 왔다. 마찬가지로 도망치고 싶을 때는 도망치고 떠나도 되었다. 휴학을 해버리거나 여행을 떠나고 고향에 피신을 가서 강아지들을 쓰다듬었다.

그러나 이제는 나의 모든 게 엉망인 것 같고 도망치고 싶어도, 나는 다음 날 또 나의 일을 해야 한다. 자아를 갈아 끼운 다음에는 내게 주어진 일들을 해야 한다. 그래야 통장에 들어오는 돈으로 아이 학비도 내고, 공과금도 내고, 대출 이자도 갚을 수 있다. 그래서 이제는 이 모든 걸 유지하면서도 그 마음을 이겨내는 법을 계속 배워나가야 한다.

흥미롭게도 그런 마음을 지니는 데 가장 좋은 것이 바로 습관이다. 마음을 강인하게 하기 위해서는 무언가 대단한 결심, 각오, 용기 같은 것이 필요할 것 같지만, 사실 더 도움이 되는 건 그저 습관이다. 견뎌내는 마음과 이기는 마음, 꺾이지 않는 마음을 지니기 위해서는 하늘로부터 정기라도 부여받거나 분신사바를 통해 을지문덕의 영혼이라도 소환해야 할 것 같지만, 사실 진짜 필요한 건 그냥 습관이다.

그저 매일 아침 일어나 정해진 루틴에 따라 옷을 입고, 양말을 신고, 아이에게 우유 한 잔 먹이고, 아이랑 손잡고 나가 유치원 봉고차를 기다리고, 지하철에 타자마자 전자책을 읽는 이 루틴이 삶을 지켜준다. 지하철역에 내려서는 빵을 하나 사 들고, 회사에 가서 커피 한 잔을 마시고, 아침을 시작하면서 회사 메일을 여는 일을 매일 하면 하루의 마음이 올라온다. 동료들과 점심을 먹고 자리에 돌아와 앉으면 오후 내내 일할 수 있다. 기분이나 마음은 습관 앞에서 말 잘 듣는 새 나라의 어린 아이가 된다.

내가 매일 밤마다 글을 쓰는 것도, 사실은 그저 어떤 형식을 유지하고 싶기 때문이기도 하다. 마음에 눈이 오나 비가 오나, 죽고 싶거나 도망치고 싶거나, 괴롭거나 기쁘거나 매일 글을 쓰는 일은 내가 내 삶에 대한 통제권을 완전히 놓치고 있지 않다는 느낌을 준다. 나는 내 마음에 굴복하는 어린아이가 아니라, 내 마음을 나의 형식으로 이끄는 어른임을 느끼게 해준다.

그렇게 창백했던 오후는, 잘 완수한 하루의 끝에서 차분한 어둠으로 뒤덮인다. 내가 알기로 마음을 진정으로 이기게 해주는 것은 매일의 습관이다. 매일 아침이 오듯 책을 읽고, 매일 밤이 오듯 글을 쓰면, 이 삶을 이겨낼 수 있다. 그렇게 어른이 되어간다. 사람은 시스템을 통해 어른이 된다.

# 3. 실패의 힘

# 애초의 목표를
# 달성하지 못했다고 해서

청년 세대를 대상으로 한 강연에서, 청년으로서 어떻게 살아가면 좋을지에 대한 질문을 받은 적이 있다. 사실, 인생이란 어떻게 살아야 한다, 같은 말은 당시 나에게도 어렵게 느껴졌고 스스로도 정답을 안다고 생각되진 않았다. 다만 어느덧 청년 시절이라는 걸 시작한 지도 20년 가까이 되었고, 그 과정에서 겪은 나의 경험을 진심으로 이야기할 수는 있겠다는 생각이 들었다. 어떻게 살아야 할까, 하는 고민만큼은 적지 않게 해왔으니 말이다.

어떻게 보면 나의 청년 시절은 실패의 역사이기도 하다. 애초에 소설가로 살고 싶었으나, 소설가로 살지 못했다. 그다음에는 학자가 되고자 했으나, 대학원에서 스스로 걸어 나왔다. 언젠가는 언론사에 취업하고자 했으나, 잘되지 않았다. 결국 인생의 '주된 흐름'에서는 실패들을 겪으면서 살았으나 그 와중에 작게나마 거둔 성취가 있다면, 그런 '주된 흐름'과는 다소 무관하게 이어왔던 글쓰기에서였다. 나중엔 늦은 나이에 준비한 자격증을 하나 얻어 변호사가 되었다.

그러면서 하나 느꼈던 것은 인생이라는 게 내가 최초에 가졌던 목표를 달성하지 못했다고 해서 그 자체로 인생이 무너진 것처럼 좌절할 필요는 없다는 점이었다. 애초에 그 무언가를 그토록 간절히 원했던 이유도, 생각해보면 그렇게 '정확한' 욕망이 아닌 경우가 많았다. 혹은 어떤 목표가 있다 하더라도 그 목표에 막상 도달하고 나면, 그 이전에 꿈꾸고 상상하던 것과는 전혀 다른 경우가 대부분이기도 했다.

인생은 자기의 선택에 달려 있다고 하는 시대이지만, 그 선택이라는 것은 대개 잘 알지 못한 채, 모호한 짐작과 상상만으로 이루어지는 경우가 많다. 나아가 상상도 하지 못했던 상황에 처하게 되었는데, 막상 그 상황이 생각보다 나쁘지 않거나 오히려 자기의 새로운 취향이나 개성을 알게 한 경우도 적지 않다.

지금의 나를 이루는 대부분의 것은 스무 살에는 상상도 해본 적 없는 것들이다. 스무 살의 나에게 가서, 20년쯤 뒤의 너는 이런 사람과 가정을 꾸리고 아이를 키우면서 이런저런 일들을 하면서 살고 있다고 이야기해준다면, 스무 살의 나는 아마 기겁할 것이다. 그 모든 걸 상상해본 적도 없다면서 말이다. 어쩌면 내가 《반지의 제왕》(김보원, 김번, 이미애 역)을 쓴 톨킨 같은 환상소설 작가가 되지 못했다는 사실을 알고 통한의 눈물을 흘릴지도 모른다. 아니면, 나에게 어째서 니체나 카뮈를 평생 연구하는 걸 포기하고 재미없는 법전이나 보고 있냐면서 항의할지도 모른다. 그에 대해 내가 이 삶도 나쁘지 않다고, 나는 내 삶을 바꾸고 싶지 않다고, 내가 살아온 삶을 온전히 긍정한다고 말하면, 경멸하는 눈빛으로 나를 바라볼지도 모른다.

그러면, 나는 스무 살의 나를 앉혀놓고 내 삶의 좋은 점을 말해줄 것이다. 소설을 계속 쓰는 대신 인문학 책과 에세이를 쓰면서 내가 느끼고 경험한 것들, 법률을 다루면서 알게 되는 사회의 여러 측면과 앞으로의 가능성들, 결혼하고 아이와 함께 살면서 얻는 상상할 수 없었던 새로운 기쁨들에 관해서 차근차근 말해줄 것이다. 그러니 애초에 내가 원했던 그대로의 인생을 살지 못한 게 오히려 다행일지도 모른다고, 삶이란 내비게이션을 찍고 나아가는 운전보다는, 나도 어디에 이를지 모르는 무계획 배낭여행에 더 가깝다고 말해줄 것이다.

인생이란 플랜 A가 계속하여 실현되는 여정이라기보다는, 플랜 B나 플랜 C가 결정하기도 하며, 플랜인지 무엇인지도 모를 X가 들이닥쳐서 삶을 만들기도 한다. 그렇기에 인생이 무엇이 될지 모른다는, 나에게 어떤 인생이 어울릴지는 살아보기 전에는 모른다는, 바로 그 관점을 지니고서 다양한 가능성들을 붙들고 살아보는 게 좋다.

그러니 다양하게 애쓰며 살아가되, 인생이 무엇을 줄지에 대해서는 열려 있는 게 좋다. 돌이켜보면, 내가 이 삶에 이른 것은 다른 길로 가는 길에 번번이 가로막힌 덕분이었다. 물론, 그 길을 그대로 갔더라면 그 삶에 나름대로 만족하며 감사했을지도 모른다. 그러나 그런 여러 가지 길들에 실패한 삶도 그 나름의 여정을 이어갈 수 있음을 기억할 필요가 있다. 오히려 실패한 덕분에 더 좋은 길을 갈 수도 있다. 우리는 신이 아니기 때문에 어느 길이 '더' 좋은지는 알 수 없다.

중요한 것은 실패들에서 끊임없이 배우는 것이다. 가령 내 인생의 큰 실패 세 가지를 소설가, 학자, 언론인이 되는 일을 포기한 것이라고 말해볼 수 있다. 그러나 나는 지금 그 세 가지를 추구하는 과정에서 배운 것들로 이루어져 있다. 이를테면, 소설가를 집요하게 추구하며 매일 글 쓰고 문장을 다듬고 책을 읽은 시간들이 지금도 글을 쓰며 다른 종류의 작가로 사는 기반이 되고 있다. 학자가 되고자 했던 공부는 논문이 아닌 여러 인문학 책이나 칼럼을 쓰는 바탕이 되었다. 언론인이 되고

자 스터디원들과 모여 글쓰기 합평을 하고 시사 토론을 했던 것들이 역시 지금 내가 하는 글쓰기, 강의, 문화평론 등 여러 활동의 근본을 이루고 있다.

그러므로 우리가 걸어가는 길들이 결국 그 자체로 '성공' 할 것이냐 말 것이냐보다는, 오히려 거기에서 무엇을 배울 것인가가 언제나 중요하다. 최선을 다해 어느 일에 몰두하면 우리는 그로부터 무언가를 얻는다. 그러고 나서, 그것을 내 남은 인생에서도 쉽게 버리지 않고 어떻게 가지고 갈지를 계속 고민해야 한다. 그렇게만 할 수 있다면, 우리 삶에는 궁극적인 의미에서 실패란 없는 것이다. 있는 것은 오로지 '여정'뿐이다. 스티브 잡스의 말처럼 우리 삶의 모든 '점들'은 언젠가 '선'으로 연결될 수 있다. 그러나 선은 저절로 이루어지지는 않는다. 점과 점이 이어지는 길은 멀고 지난하며 어려울 수 있다. 하지만 우리가 그 점들을 잇고자 한다면, 언젠가 그 점들은 만난다. 그러면 우리는 실패를 모르는 삶을 살게 된다.

# 10퍼센트의 법칙

나는 인생에서 10퍼센트의 법칙을 믿고 있다. 말하자면, 대략 무엇을 하든 10퍼센트 정도가 쓸모 있거나 가치 있고, 내게 맞는 것으로 남는다는 법칙이다. 이를 테면, 좋은 글은 열 편 정도 쓰면 한 편 정도가 나온다. 내 글을 열 명의 사람들이 읽는다면, 그중 한 명 정도가 좋아할 것이다. 내가 알게 된 사람들 중 나를 좋아해줄 사람도 열 명 중 한 명 정도라고 믿는 것이다.

마찬가지로 공모전이든 취업이든 그 밖의 어떤 도전들이든 대략 90퍼센트 정도는 실패한다고 생각하는 편이다. 소개팅이나 '썸'도 마찬가지다. 내가 좋아할 만한 여자는 열 명 중 한 명 정도일 테고, 나를 좋아할 만한 여자도 열 명 중 한 명 정도일 텐데, 그럼 대략 100명 중 한 명 정도와 연애할 가능성이 있는 셈이다. 내가 입사원서를 썼을 때 서류 통과 확률도 10분의 1이고, 면접 통과 확률도 10분의 1이라면, 100군데 정도는 지원해봐야 내가 맞는 곳이 있을 것이다.

이런 10퍼센트의 법칙은 꽤 가혹해 보이거나 패배주의처럼 보일 수도 있다. 그러나 나는 오히려 이 10퍼센트의 법칙을 믿는 것이야말로 낙관주의 쪽에 가깝다고 생각한다. 우리나라에 10퍼센트나 내 글을 좋아한다면, 그 숫자는 500만 명에 이른다. 출판 시장의 독자들이 대략 100만 명 정도라 하더라도, 내 책을 좋아할 독자가 10만 명쯤은 있는 셈이다. 나는 평생 그 10퍼센트만 다 찾더라도 행운인 것이다. 10퍼센트나 있다면 나와 결혼하고 사랑할 사람 한 명쯤은 찾을 수 있을 것이고, 내가 들어갈 직장 하나쯤도 찾을 수 있을 것이다. 내 자리는 하나면 된다. 그런데 10퍼센트나 된다니, 내 선택지가 엄청나게 많은 셈이다.

나는 대략 10퍼센트 정도를 믿으며 살고 있지만, 1퍼센트 정도 되어도 나쁘지는 않을 듯하다. 사실, 나의 10퍼센트 법칙은 때론 1퍼센트의 법칙이 되기도 한다. 그런데 1퍼센트도 나쁘지 않다. 100번만 해보면, 어쨌든 내게 어울리는 것 하나, 그 무언가를 얻을 셈이기 때문이다. 그러면 100번까지 해볼 용기를 얻을 수 있다. 실패는 상처라기보다는 당연한 과정이 된다.

오히려 실패가 없으면 이상하고 불안하다.

　세상에는 성공의 기록들만 말하는 사람들도 있다. 혹은 실패의 이야기 자체가 터부시되는 관계라는 것도 있다. '루저'처럼 보이는 것, 시행착오가 많은 인간, 깔끔하고 정확하게 살지 못하는 무능력자를 배제하는 사회도 있다. 그러나 내가 믿는 진실은 90퍼센트의 실패와 10퍼센트의 어울림에 있다. 내게 어울리는 게 세상에 10퍼센트나 있고, 그래서 모든 면에서 그걸 찾는 여정이 곧 인생이고, 그런 보물은 인생에 반드시 있기 마련이어서 실패할 가치도, 인생을 살 가치도 있다.

　그렇게 생각하면, 우리는 그 10퍼센트를 향한 여정을 이어가고 있는 것일 뿐, 역시 우리에게 진정한 의미에서의 실패란 없는 셈이다. 내가 그때 그녀와 이어지지 못했던 것은 지금의 아내를 만나고, 그 사이에서 탄생한 이 너무도 소중한 아이를 이 우주에서 만나기 위해서였던 것이다. 나는 소설가가 되지 못한 덕분에 다른 종류의 책들을 더 다양하게 출간할 수 있는 작가가 되었고, 그 덕에 더 다양한 사람들과 소통하는 행운을 누렸다. 대학원에서 끝까지 성공하지 못했기 때문에 대신 변호사가 되었고, 그 덕분에 여러 가치 있는 경험들을 하고 있기도 하다. 나는 그 모든 실패들에 감사한다.

　바라는 것이 있다면, 앞으로도 내 삶의 모든 실패들에 감사하는 삶을 사는 것이다. 내가 그럴 수 있다면, 내게는 꺼지지 않는 의지력이 있기 때문일 것이다. 이쪽이 아니면 저쪽으로 가면 된다. 이쪽에 오아시스가 있었다면, 저쪽에는 아름다운 사막 도시가 있을지도 모른다. 나는 실패를 하지 않기 때문이 아니라, 실패를 여정으로 여기기 때문에 실패를 '모르는' 인간이 된다.

# 플랜 B를 염두에 둔 플랜 A

인생의 실패란 대개 두 가지로 나눠서 생각해볼 수 있다. 하나는 과대망상과 오만, 자기를 과신하는 데서 오는 실패다. 이런 실패는 너무 널리 알려져 있다. 다들 실패해도 나는 성공할 거라 믿는 도박, 지나치게 자신감 넘치는 탓에 현실감각을 잃어버리는 오만이 이와 관련된다. 그런데 그러한 실패 못지않게 잦은 것이, 짐짓 나는 못할 거라 생각해서 일찍 포기해버리는 일이다.

나에게는 그럴 능력이 없다, 내 주제에 그런 걸 해낼 수 없다, 이미 너무 늦었다, 그 모든 걸 감당할 여력이 없다, 라고 짐짓 겁먹거나 단념해버려서 하지 못했던 일들은 두고두고 후회를 남긴다. 오래전 미국의 노인들을 대상으로 한 설문조사에 의하면, 노인들이 꼽은 인생에서 가장 후회하는 것이 '젊은 날 충분히 도전해보지 않은 것'이었다고 한다. 인생에는 어느 정도의 겸손은 필요하지만, 지나친 겸손은 곧 체념이나 포기와 동일한 말이 되어버린다. 그렇기에 어디까지가 합리적인 겸양이고, 어디부터가 자기합리화에 불과한 두려움인지를 깊이 생각해볼 필요가 있다.

나에게는 나름대로 원칙이랄 게 있는데, '너무 위험하지 않은 도전', '어느 정도 안전망이 갖추어진 모험', '항상 플랜 B를 염두에 둔 플랜 A'라는 식의 원칙이다. 꿈을 향해 열정만을 갖고 투신하라고 말하기는 쉽다. 반대로, 모든 게 너무나 위험한 리스크 사회이므로 최대한 안정 지향적으로 살아야 한다고 말하기도 쉽다. 그런데 진짜 삶은 모험과 안정 사이 어디쯤 있고, 우리는 그 가운데에서 끊임없이, 아슬아슬하게 판단해야 한다. 그럴 때 나는 일종의 플랜 B나 최소한의 안전망을 늘 생각한다. 이것이 실패해도 괜찮다, 라는 지점에 대해서 말이다.

그런 안전망을 갖추고 있다면 다양한 종류의 도전이랄 것도 해볼 만하게 된다. 오히려 어느 정도 안전망이 갖추어져 있을 때만 도전해보는 것도 생각해볼 수 있다. 취업에 실패하면 어떡하지? 대학원이나 로스쿨에 들어가는 것도 나쁘지 않다. 변호사 시험에 떨어지면 어떡하지? 논술 강사나 글쓰기 강사를 하며 책을 쓰면 된다. 그런 식의 플랜 A, B, C에 나름대로 현실성을 부여하며, 다른 길이 있음을 잊지 않으면서, 몇 가지 큰 도전을 해보는 것이 삶에서 늘 중요했다. 그런 플랜들 덕분에 작은 도전들을 더 다양하게 해볼 수도 있었다.

개인적으로 나는 나 자신이 과대망상이 있는 편임을 알고 있었다. 특히 어릴 적에는 묘하게 대박이나 행운, 낙관적인 운명을 과신하는 구석도 없지 않았다. 그러면서 끊임없이 망상을 차단하고 현실감각을 가지려고 노력했다. 그러다보니 할 수 있는 일들도 짐짓 하지 않아버리는 자신을 발견했다. 그럴 때는 번복하고 다시 했다. 한 번 포기했던 것도 다시 불씨를 살려보려고 했다. 특히 지난 20년간 이어온 나의 글쓰기는 거의 그런 식으로 계속되어왔다.

이런 실패들은 거의 매년, 수시로 찾아온다. 그렇지만 지나치게 자신을 과신하며 한 일들이 있다 하더라도 안전망이 갖추어져 있으면 그러한 도전이 실패가 되어도 나쁘지 않다. 카프카나 체호프, 척 팔라닉 등 많은 작가가 별도의 직장을 가진 채로 작가로서 활동하며 글을 썼다. 지금도 많은 작가가 오로지 '전업 작가'로만 사는 게 아니라 별도의 직장이나 커리어를 유지하고 있다. 다른 일은 아무것도 하지 않고 '글만 쓰겠다'는 모험에 뛰어드는 작가는 거의 없다. 많은 작가의 주수입원이 '글'이 아니라 '강연'이라는 점에서, 사실상 전업 작가라 불리는 이들도 작가 겸 강사 생활을 겸업으로 하고 있는 셈이다.

우리가 여러 실패들에서 오는 새로운 여정을 긍정할 수 있다면, 분명히 실패를 모르는 삶을 살게 될 것이다. 그러나 실패를 모르며 살기 위해서는 실패 다음에 긍정할 수 있는 무언가가 와야 한다. 때로는 실패하더라도 남아 있는 것에 안도할 수 있어야 한다. 그것은 그 와중에도 계속 쌓아가는 나의 어떤 능력이나 기술, 실력일 수도 있다. 혹은 한쪽에서는 무너지더라도, 다른 한쪽에서는 쌓아가는 경력이나 경험, 사람일 수도 있다. 결국 삶이란 그런 실패들의 안전망 속에서 계속 다음 단계로 나아갈 수 있다.

# 실패를 경험해보지 않고
# 얻은 성공은

　도박꾼들 사이에서는 이런 말이 있다고 한다. 처음 카지노를 방문했을 때, 가진 돈을 다 잃으면 신이 사랑하는 사람이고, 큰돈을 따면 신이 버린 사람이라고 말이다. 처음 우연히 자기 월급의 몇 배쯤 되는 돈을 한 번 따면, 그 자리에서 뇌가 폭발해버릴 듯한 쾌감과 두근거림을 느끼고, 그 느낌은 평생 잊을 수가 없게 된다. 나는 신에게 선택받은 행운아라는 망상에 빠지면서 다시 월급을 들고 카지노를 찾아가고, 그때부터 그의 인생은 파멸한다.

　도박꾼들 사이에 떠도는 저 비유는 촌철살인 같은 데가 있다. 우리가 신에게 선택받은 행운아라고 믿는 그런 착각의 순간, 그런 표면적인 현실, 그렇게 믿는 게 당연해 보이는 어떤 순간에야말로, 사실은 신이 버렸다는 그 아이러니가 인간사의 진리가 아닐까 싶다. 이를 달리 말하면, 우리에게 가장 좋아 보이는 것에 우리는 가장 취약하다. 우리가 환상적으로 좋아할 만한 것이 사실은 우리의 덫이고, 개미지옥이다.

이 이야기는 소년 급제나 어린 시절의 성공은 저주와 같다는 이야기와 맥이 닿는다. 실패를 경험해보지 않고 얻은 성공은 그를 매우 취약한 상태로 만들어놓는다. 처음 경험했던 환희 이후 그와 유사한 정도의 환희가 반복되지 않으면, 그 이상의 강도를 가진 환희가 도래하지 않으면, 그는 점점 초조해지고 취약해질 것이다.

인간은 다른 동물에 비해 매우 느리고 점진적으로 성장하는 생명체인데, 문명과 사회의 조건 안에서는 갑작스러운 '도약'이 있고, 이 도약이 인간이 마땅히 익혀야 할 자연스러운 성장을 파괴한다. 마찬가지로 고래로 인간의 사냥법은 사냥감이 지칠 때까지 먼 여정을 마라톤하듯 달려가는 '인내'의 기술이다. 그러나 벼락 맞은 듯한 성공은 그런 인간이 평생을 통해 성장하고 견뎌야 할 구조를 근본적으로 파괴해버리는 저주가 되는 것이다.

만약 우리가 신에게 사랑받는 사람이라면, 혹은 그것을 증명하고 싶다면, 우리 삶에 물든 점진성을 사랑할 필요가 있다. 혹은 너무 갑작스러운 성공이나 행운은 오히려 두려워할 필요가 있다. 신이 나를 버리려는가? 신이 나를 시험하려는가? 그런 생각 속에서 내 삶에서 이어지고 지속될 수 있는 어떤 '점진적 영역'의 바지끄댕이를 붙잡아야 할 수도 있다. 어제로부터 오늘로, 다시 내일로 이어지는 이 영원한 점진성을 기억해야 할 필요가 있다.

너무 좋은 것은 독약일 가능성이 높다. 너무 아름다운 버섯은 독버섯이다. 우리는 사실 너무 좋은 것을 놓친 것을 다행이라고 생각하는, 그 아이러니를 받아들여야만 한다. 내일 우리가 선택할 것은 오늘보다 '살짝' 더 좋은 것이 아닐까 싶다. 혹은 오늘보다 '살짝' 더 나쁜 것이 온다면, 또 그것에 감사할 필요도 있다. 결국 그런 살짝 나쁜 것들이 내게 면역력을 길러주며, 살짝 더 좋은 것들을 받아들이고 지킬 수 있는 힘들로 쌓여가기 때문이다. 신이 사랑하는 사람이라면, 이 원칙을 끝내 지켜내고야 말 것이라고, 나는 믿고 있다.

# 자기계발서를
# 딱 한 권만 읽더라도

언제부턴가 자기계발서 읽기가 하나의 유행이 되고 있다. 자기계발 유튜버 등이 확장된 인지도로 책을 여럿 출간하기도 하고, 사회 전반적으로 '갓생 살기' 등 성실하게 살기 트렌드가 생기면서 자기계발서 열심히 읽고 성공하자, 라는 분위기가 꽤 광범위하게 퍼지고 있다.

반면 인문서나 사회과학서를 읽으며 사회 전반을 성찰하거나 사회에 대한 비판적인 깊이를 추구하려는 경향은 잠잠해졌다. 문제는 사회 자체를 성찰하는 게 아니라, 바꿀 수 없는 사회 속에서 개인의 삶을 바꾸어보자는 쪽으로 기울고 있다. 개인적으로 이런 흐름이 아쉬운 면도 있지만, 반드시 '나쁜' 것만은 아니라고 생각한다. 그러나 문제가 있다고 느껴지는 점 또한 있다.

일단 자기계발서 자체는 그리 많이 읽을 필요가 없다. 몇 권만 읽어도 충분히 동기부여가 가능하고, 성실한 습관 등 인생에서 중요한 몇 가지 이야기들은 금방 습득할 수 있다. 오히려 정도 이상으로 자기계발서 읽기에 몰두하는 건 일종의 회피나 위안에 불과할 수 있다. 자기계발서를 읽음으로써 자기계발을 하고 있다는 위안을 느끼는 것이다.

그러나 실제로 자기계발서를 많이 읽어서 할 수 있는 건 자기계발 강사가 되거나 자기계발서 작가가 되는 것 정도이다. 오히려 자기계발서 20권 읽을 시간에 한 권만 읽고 나머지 19권을 뇌과학서를 읽는다면, 뇌과학에 대한 간단한 수업을 하거나 글을 쓸 수 있는 기반을 쌓게 된다. 나만 하더라도《사람은 왜 서로 도울까》를 쓰기 전까지 진화심리학에 대해 완전히 무지했지만, 관련 책을 20권쯤 읽으니 적절히 정리하여 책으로 쓸 수 있었다.

달리 말하면, 자기계발 자체가 콘텐츠가 되는 건 뭔가 이상하다는 점이다. 그건 일종의 뫼비우스의 띠처럼 갇힌 세상에 대한 중독처럼 느껴진다. 결국 자기계발서를 한 권 읽은 다음에 곧바로 해야 할 건 실천이다. 당장 카페에서 알바하며 커피를 배우든, 경제학을 공부하거나 글쓰기를 하든, 실질적인 경험과 콘텐츠를 쌓아야 한다. 제대로 자기계발을 하려면 자기계발서 읽기 중독에서 벗어나야 한다.

물론 요즘에는 자기계발 콘텐츠가 하나의 거대한 유행이 되고 있다. 매일같이 자기계발을 해야 한다며 소리치고, 설득하고, 이야기하는 유튜브, 책, 강의 등이 큰 인기를 얻고 있다. 그러니 자기계발 콘텐츠 크리에이터를 목표로 하는 것도 '성공의 길'일 수도 있다. 그러나 자기계발서를 읽고 자기계발 관련 직업으로 자리 잡는 사람은 아무리 많아도 0.1퍼센트도 안 될 것이다.

마찬가지로 인간관계에 대한 자기계발서 같은 것도 비슷하다. 관계에 대한 자기계발서 한 권을 읽고 해야 할 일은 실제로 관계를 맺어보며 실천하는 것이다. 실제로 나라는 사람과 내 주변 사람의 관계가 어떻게 작동하는지 경험하고, 수정하며, 다져나가는 것이 훨씬 중요하다. 그러나 실제 관계에는 변화가 없이 관계에 대한 책만 쌓아놓고 읽는 것은 일종의 현실 회피나 자기위안에 불과할 수 있다.

책을 읽는 목적은 여러 가지다. 가령 장르소설을 읽으면서 그것을 통해 인생의 성공을 도모하는 사람은 많지 않을 것이다. 그냥 재미로 읽거나 위안을 받으려고 하는 독서도 있다. 그러나 독서의 목표가 일종의 현실에서의 실천이라면, 이 독서와 현실, 독서와 실천의 관계에 대해 다시 고민해볼 필요가 있다. 때로 어떤 독서는 현실적 실천과 반대편에 있다. 명목상 현실이나 실천을 향해 간다고 하면서도, 실제로는 거꾸로 가게 할 수도 있다. 그러니 때로는 책을 덮고 진짜 실천에 관해 고민해봐야 하는 것이다.

이것은 사실 거의 모든 책에 대한 읽기의 태도와도 이어진다. 철학책을 열심히 읽어서 철학 지식만 쌓는 건 별 의미가 없을 수 있다. 결국에는 그 철학을 삶에 체화하여 실천하는 게 훨씬 중요하다. 소설을 그냥 재미로 즐기는 일이 나쁜 일은 아니다. 그럼에도 문학이 진짜로 우리에게 어떤 역할을 한다면, 우리는 그 문학의 영향을 받아 삶을 사랑하거나 삶의 의욕을 채우는 일로 나아갈 수 있어야 할 것이다.

이 책도 누군가에게는 흔한 자기계발서의 범주에 있는 한 권의 책으로 읽힐 수 있을 것이다. 물론, 나는 이 책을 내 삶의 태도를 명료히 하고 내가 생각하는 '좋은 삶'에 대해 이야기한다고 믿으며 썼지만, 누군가는 단순한 '실천 강령'이 담긴 자기계발서로 읽을 수도 있다. 중요한 것은 책을 읽고 실제로 달라질 삶이다. 책으로 도피하는 게 아닌, 책이라는 창을 통해 새로운 세상을 만나고, 실제로 더 나은 삶으로 안내받고 나아가는 것이다.

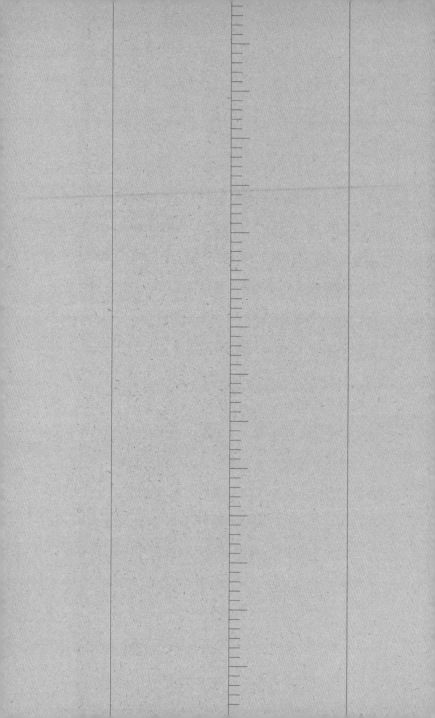

# 2부

# 다시,
# '나'의 삶으로

# 1. 자기만의 삶을

# 선택하려면

# 나의 선택에서 장점을 뽑아내기

흔히 인생에서 중요한 선택이라고 말하는 것들이 있다. 진로, 직장, 결혼, 출산 같은 것들이다. 그런데 이런 선택들을 너무나 정확하게, 아주 기막힐 정도로 잘하는 방법이란 존재하지 않는다. 우리가 예언가나 점쟁이가 아닌 이상, 어떤 선택을 하기 전에는 그 선택이 정말 '최고'의 선택일지 알 수 없다. 그저 어렴풋한 짐작으로, 스스로 합리적이라 믿는 몇 가지 근거를 가지고 간신히 눈 딱 감고 선택할 수 있을 뿐이다.

사실 우리의 선택들은 선택 당시의 우리에게는 최선이었을 수는 있어도, 최고의 선택일 수는 없다. 가령, 우리는 결혼할 배우자를 선택할 때도 지구상에 있는 수십억 명의 사람들 중 이 사람이 내게 모든 면에서 '최고의 짝'인지 판별할 방법은 없다. 그냥 내가 최선이라 믿는 범위 내에서의 사람을 선택해결혼하게 되는 것이다. 우리의 선택이 어떤 '나비효과'를 통해 미래를 이끌어줄지는 신만이 알고 있다.

나 역시 삶에서 하는 여러 선택이 옳은 것인지, 최고의 선택인지 확신하지 못했다. 내가 아주 주체적으로 내린 결단이 있었다면, 글쓰기와 책 쓰기 정도였다. 그 외 거의 모든 선택은 잘 모르는 채로, 불명확한 확신으로, 모호한 느낌으로 이루어졌다. 그리고 어떤 선택들은 남들이 보기에 명백히 '실패한 선택'이었다. 나는 대학을 남들보다 늦게 졸업했고, 그 이후 일반 대학원에 들어갔다가 나왔으며, 남들보다 한참 늦게 변호사 시험에 도전했고, 그래서 남들보다 한참 늦게 신입 사원이 되었다. 이런 여정만 봐도 누군가는 내 인생이 온갖 착오로 지체되고 꼬여버린 인생이라고 여길지도 모른다.

하지만 정작 나 자신은 후회한 선택이랄 게 거의 없었다. 선택 자체를 굉장히 잘했기 때문이라기보다는, 이미 내린 선택 속에서 내가 원하는 삶을 살려고 했기 때문이다. 무슨 선택을 하든, 그 선택 속에서 내가 하고 싶은 일을 할 여지를 만들고, 내가 원하는 것을 배우고자 했다. 그러다보니 사회적 커리어에서는 숱한 실패들도 내게는 실패가 아니었다.

가령 나는 국어국문학과 대학원에 들어갔지만, 공부와 별개로 강의실을 빌려 팟캐스트를 하거나 방학을 이용해 전공과 관련 없는 책들을 쓰기도 했으며, 학비를 번다는 명목으로 출판과 관련한 다양한 일을 하기도 했다. 겉으로 볼 때 나의 대학원 시절은 2년을 허비한 시간일지 몰라도, 내게는 무척 다양하고 값진 경험을 한 시간이었다. 특히 팟캐스트를 들었던 한 시청자와의 인연이 아내를 만난 계기가 되기도 했다. 대학원을 다니며 강의실을 빌려 팟캐스트를 할 기회가 없었으면 아내를 만나지도 못했을 것이고, 나의 아이도 세상에 태어나지 못했을 것이다.

한동안 언론고시를 준비했지만 언론사 취업에 실패했다. 그렇지만 언론사 시험 준비를 하는 스터디에서 에세이와 칼럼을 쓰기 시작했다. 그렇게 쓴 칼럼을 다양한 곳에 투고해보았고, 다채로운 지면에 글을 쓰는 계기가 되었다. 역시 그때부터 에세이를 한 편씩 쓰기 시작하여, 나중에는 에세이집을 출간하고 에세이 글쓰기 수업을 하며 좋은 사람들을 많이 만났다. 지금은 그렇게 나의 에세이 수업을 들었던 사람들과 뉴스레터 '세상의 모든 문화'를 운영하고 있다. 그 모든 건 언론고시 스터디로부터 시작된 일이다.

변호사라는 직업을 갖기 전 아직 불안정한 상황에서 아이를 가진 걸 후회할 수도 있었다. 그러나 아이가 있었기에 더 독하게 마음먹고 변호사 시험 공부를 할 수 있었고, 그러면서도 육아와 사랑에 관한 이야기들을 더 절절하게 써서 책을 출간할 수 있었다. 선택보다는 선택에 어떻게 적응하고, 선택을 어떻게 받아들이느냐가 중요하다. 그 선택을 후회 없는 것으로 만드는 것은 결국 그 선택을 활용하는 나의 방식과 태도인 것이다. 거의 모든 선택에는 그 나름의 장단점이 있다. 관건은 어떻게 나의 선택에서 장점을 뽑아낼 것인가 하는 것이다.

직장 선택 또한 마찬가지다. 내가 하기에 따라서 직장 선택은 참으로 좋은 선택이 될 수도 있고, 아닐 수도 있다. 내가 선택한 이곳에서만 배울 수 있는 일들, 얻을 수 있는 것들, 경험할 수 있는 것들을 잘 모으고 모아서 내 삶으로 만든다면, 나는 이 선택을 후회할 수 없을 것이다. 가령 어떤 직장에서 평생의 친우 한 명만 만들어도 그럴 수 있다.

반면 어느 순간 나의 선택에서 내가 더 이상 배울 것도 없고, 고유하게 해낼 것도 없으며, 내가 활용할 수 있는 경험이나 자유도 없다면, 그것은 이제 새로운 선택을 해야 할 때가 왔음을 알려주는 지표가 되기도 한다. 그렇게 선택해야 하는 상황은 빨리 찾아올 수도 있고, 천천히 다가올 수도 있다.

말하자면, 모든 선택에는 그 나름의 꿀이 있다. 꽃마다 꿀이 많거나 적을 수 있겠지만, 어느 꽃이든 그 고유의 향을 가진 꿀이 있기 마련이다. 인생에서 흔히 말하는 선택들은 그런 꿀들을 찾는 일이고, 꿀벌이 되어 꿀을 채취하는 일이다. 그래서 그 꿀들로 나만의 향을 가진 벌꿀 통을 만드는 일이다. 그럴 때는 때로 어떤 꽃을 택하느냐보다, 그 속에 있는 꿀을 얼마나 잘 채취하느냐가 더 중요하다.

# 삶은 감사하는 사람이 이기는 게임

모든 선택에 그 나름의 '꿀'이 있다면, 그 꿀을 얻는 보다 나은 방법이 있을까? 이를테면 꽃에서 꿀을 채취하는 기술 같은 것 말이다. 나비는 호스 형태의 입을 꽃 속으로 깊숙이 넣어 꿀을 빨아 먹는 반면, 꿀벌은 대롱같이 긴 촉수로 꿀을 찾아내 입으로 닦아내듯 꿀을 먹는다. 우리가 선택에서 '꿀'을 찾고자 한다면, '감사함'이라는 태도가 꽤 의미 있는 기술이 될 수 있다.

삶은 결국 감사하는 사람이 이기는 게임과 같다. 객관적으로 보면, 삶에는 더 감사할 만한 삶과 덜 감사할 만한 삶이 있을지도 모른다. 마찬가지로 더 감사할 만한 선택과 그렇지 않은 선택도 있을 수 있다. 그러나 지극히 주관적인 단위에서 보면, 누구든 자기 삶에 감사하는 사람이 결국 이기게 된다. 인간은 어떤 선택을 하든 결핍과 고통, 불만을 느낄 수밖에 없는데, '감사'가 그것을 상쇄하기 때문이다.

　지난 1년간 같은 직장에 매일 함께 출퇴근한 사람이 있다고 할 때, 한 사람은 매일 불평불만만을 느끼며 살았고, 다른 한 사람은 그래도 이런 직장이 있음에 감사하며 살았다고 해 보자. 다른 조건들이 유사하다면, 전자의 사람은 불행한 시간들을 쌓았고, 후자의 사람은 감사하여 만족스러운 시간들을 쌓은 게 된다.

　물론 때로는 불평, 즉 결핍과 갈구가 우리를 더 나은 곳으로 인도할 수 있다. 결핍을 모르는 사람은 안주하기만 하고, 더 나은 곳으로 나아가기 어려울 수 있다. 그러나 체념하여 안주하는 것이 아니라, 혹은 소극적으로 지금 상태에 웅크려 있는 것이 아니라, 적극적으로 감사하는 사람의 마음은 단순한 안주 상태와 다르다. 그에게는 오히려 결핍에만 집중하는 경우보다 '더 나은 삶'으로의 더 큰 가능성이 열린다. 왜냐하면 현재에 감사하겠다는 것이 더 나은 삶에는 불평하겠다는 뜻은 아니기 때문이다.

　오히려 자기 삶의 결핍을 인정하면서도, 그런 결핍을 끌어안고 '적극적으로' 감사하는 사람이야말로 그러한 결핍을 '개선'할 가능성이 더 높아질 수 있다. 왜냐하면 그는 결핍을 모르는 게 아니라, 결핍에도 '불구하고' 감사하는 것이기 때문이다. 다시 말해, 그는 결핍과 맞서 싸우는 법을 알고, 매일같이 결핍을 조금씩 극복하는 힘을 기르고 있는 것이다.

따라서 감사하는 사람은 지금에 존재하는 결핍 못지않게 다른 무엇에 감사할 줄 알고, 그렇기에 무엇이 가치 있는 줄 알며, 무엇을 배우고 있는지 안다. 그렇게 자기 안에 어떤 긍정적인 점들, 일종의 장점들이 쌓이고 있는지 안다. 더 나은 삶으로 가는 일이 언제나 현재에서의 '배움'과 직결되어 있다는 사실을 생각해보면, 감사하는 사람이야말로 가장 많은 걸 배우고, 더 나은 삶으로 갈 가능성이 높은 사람이다.

그러나 불만과 불평, 통탄과 푸념밖에 모르는 사람은 무엇이 소중하고 가치 있는지, 정작 자기 안에는 무엇이 있는지도 모를 가능성이 높다. 자기가 있는 곳들에서는 아무것도 배울게 없다는 태도야말로 그를 아무것도 배우지 못하게 만든다. 결핍의 극복은 사실 결핍에만 집중하는 것보다, 결핍 대신 내가 가진 것에 집중하며 결핍을 이겨내고자 하는 태도에서 비롯된다.

넓은 관점에서 봐도 사람들은 당연히 감사할 줄 아는 사람에게 이끌리고, 무언가를 가르치고, 주고 싶어한다. 왜냐하면 나의 수고를 그 사람이 알아주고 간직하고 기억해줄 것을 믿기 때문이다. 배우지 못하고 감사할 줄 모르는 사람에게 다가가 무언가를 '줄' 사람은 없다. 결국 '감사'를 잊지 않은 사람에게는 더 나은 삶으로 갈 가능성들이 열린다.

실제로 여러 연구 결과에 따르면 '감사하기'라는 태도와 말은 인간의 신체적, 정신적 건강에 미치는 영향도 압도적이어서, 그런 태도 자체가 운동이나 명상이 주는 영향에 비할 정도라고 한다. 어떤 선택을 하든, 삶은 감사하는 사람이 이기는 게임이다. 세상의 모든 것은 감사하는 사람에게 몰려든다. 설령, 무언가 몰려들지 않더라도 상관없다. 감사하면 '게임 끝'이기 때문이다. 그는 다른 사람들이 비교와 불평에 시달리며 상대적 박탈감 등에 허우적거릴 때, 감사하며 만족스러운 삶을 산다. 그를 이길 자는 없다.

# 감사해야 하는 이유

삶의 중요한 태도인 '감사하기'에 대해 더 깊이 이야기해 보고자 한다. 어떤 선택을 하든, 그리하여 삶이 어떤 높고 낮은 파도를 지나든, 감사하는 태도야말로 우리 삶을 안정적으로 지켜주기 때문이다.

인생의 모든 것에는 고점과 저점이 있기 마련이다. 외모, 건강, 능력, 감수성, 정서, 돈, 명성, 권력 등 영원한 것은 없다. '물 들어올 때 노 저어라'라는 속담도 이런 인생의 유동성, 일시성이라는 진실로부터 나온 말일 것이다. 우리가 무엇을 가졌든 그것을 잃을 때가 오고, 우리에게 아무것도 없더라도 그 무언가를 얻을 때도 온다.

그렇기에 만약 지금의 삶이 만족스럽다면, 그 가운데 내가 무엇을 잃을 것인지, 무엇이 있음에 감사해야 할지를 잘 알아둘 필요가 있다. 가령, 내가 건강을 가지고 있다면 이 건강을 마냥 소진시키면서 밤마다 치킨과 술을 먹고 담배를 피우기보다는, 이 일시적인 건강성으로 정확히 무엇을 누릴지 깨달아야 한다. 국토대장정을 하든, 더 장기적인 건강 관리를 하든(건강은 잃기 전에 챙기는 것이다), 조금 더 다양한 일과 취미를 감당해볼 수도 있다.

만약 지금이 내 외모가 가장 빛나는 시기라면, 역시 그 외모를 더 사랑할 필요도 있다. 사진을 많이 찍든, 모델에 도전해보든, 하다못해 면접에도 유리할 수 있으므로 다양한 곳에 면접을 봐보든, 매력적인 이성을 사귀어보든 외모가 '절정'일 때 더 누릴 수 있는 것들이 있다. 이것을 아까워할 줄 알아야 한다. 아까워한다는 것은 달리 말하면 감사한다는 것이고, 무엇도 영원하지 않으리란 것을 인정한다는 의미에서 겸손하다는 것이기도 하다.

일에서 인정받고 자기 일을 해낼 수 있는 능력이 물오르는 시기라면, 그 시기를 잘 이용할 필요도 있다. 그 시기는 인생에서 몇 안 되는 '퀀텀 점프'가 가능한 이직 시기일 수도 있고, 승진에서 매우 유리한 시기일 수도 있다. 혹은 사회적 인맥이 적절하게 펼쳐져 있어서 자기만의 사업을 하기에 최적의 시기일 수도 있다. 무엇이 되었든, 그 시기가 지나고 나면 마치 부풀어

올랐던 풍선이 바람 빠지듯이, 언제 영광의 시절이 있었냐는 듯, 그저 그 자리에 옴짝달싹 못하고 붙박여야 하는 시절이 올 수도 있다.

현금 흐름이 좋아지고, 투자에서 선방하고, 돈에서 몇 가지 호재가 겹치는 시절도 있을 법하다. 이럴 때, 많은 사람들은 마치 평생 그런 자본 흐름이 자기 삶에 주어질 거라 믿기도 한다. 그런데 그것도 착각일 가능성이 다분하다. 소송에 휘말리는 사람들의 상당수는 한때 '잘나가는 사업가'들인데, 상상을 초월하는 돈을 만져본 사람들도 많다. 그러나 그런 흐름이 급격하게 꺼지는 경우가 많아도 너무 많다. 그러니 오만하지 말고 그런 기회의 시절이 오면 오히려 착실하고 보수적으로 안정적인 삶을 구축할 필요도 있다.

몇 년 전까지 유명했던 셀럽, 인플루언서, 연예인 등도 이제는 그 이름도 기억나지 않을 만큼 사람들 사이에서 언급조차 되지 않고 사라진 경우도 많다. 사실 이 경우가 가장 흔한데, 요즘 사회에서는 다른 모든 게 그렇듯이 관심 인물도 너무 쉽게, 빠르게 대체되기 때문이다. 관심 받고 싶어하는, 재능 있는 수많은 유튜버들, 인플루언서들이 있는 시대이고 트렌드도 워낙 빠르게 바뀌다보니, 몇 년 전의 유명인이 오늘날 뒷골목의 잊힌 돌멩이 같은 존재가 되는 게 전혀 이상하지 않다.

그러니 사실 우리 삶이 어느 식으로든 빛나거나 좋게 흘러갈 때는, 그것에 감사하고 겸손하며 그 모든 게 조만간 사라질 수 있다고 생각할 필요가 있다. 그러면 오히려 삶을 어떻게 살아야 할지에 대한 힌트를 얻어 가기도 한다. 낮은 곳에서 더 충실하고, 가까운 것들에 더 마음을 쏟으며, 삶에서 무슨 일이 일어나든 이어갈 수 있는 나만의 루틴이나 시스템을 생각하게 된다. 작가라면, 내 책을 사는 사람이 100명이든 1만 명이든 개의치 않고 글을 써나가는 태도랄 것을 오히려 가장 흥분된 시절에 더 익혀두는 것이다. 건강이 넘칠 때야말로 건강을 챙기는 루틴을 지켜내는 것이다. 매년 1억을 벌 때, 노후 자금으로 매달 10만 원씩 저축하는 것이다.

나아가 나는 삶의 굴곡과 무관하게 곁을 지켜줄 사람들에게 충실하는 법 또한 배워야 한다고 느낀다. 우리는 다 노쇠할 것이고, 삶에는 어떤 종류든 고난이나 쇠락이라 불릴 만한 때가 올 것이다. 그럴 땐, 최후의 습관조차 도움이 되지 않을 수 있다. 그럴 때 우리 곁에서 마지막으로 우리 삶을 붙잡아주는 건, 나와 온 마음으로 삶을 나누었던 극소수의 몇 사람일 수 있다. 그러므로 우리는 우리의 인연에도 역시 감사할 필요가 있다. 감사함이 삶을 지켜내는 순간이 올 것이기 때문이다.

# 어려운 것을 선택해야 한다

여기에서 선택에 관한 나의 개인적인 원칙 혹은 신념을 소개해보고 싶다. 이것이 모든 인생에 적용되는 진리는 아니겠지만, 누군가에게는 참고가 될 수 있을 듯하다.

삶에서 중요한 선택을 해야 할 때, 나는 꽤나 명료한 나만의 기준을 하나 갖고 있다. 그것은 두려운 것을 선택해야 한다는 것이다. 내가 만약 이 길을 걸을지 다른 길을 걸을지 고민을 거듭하고 있는데, 아무리 고민해도 모르겠다면 더 두려운 쪽을 택한다. 내게 두렵다는 것은 거기에 내가 진정으로 더 원하는 것이 있다는 신호임을 거듭 확인해왔기 때문이다.

보물을 찾는 여정에서 두 가지 갈림길이 있는데, 한쪽은 지금까지 이어진 것과 같은 평범한 길이고, 다른 한쪽은 어딘지 으슥한 것이 나무 괴물이 나올 것 같으면, 보물은 아마 나무 괴물 쪽에 있을 것이다. 보물이 있는 곳이라면 나무 괴물 정도가 지켜줘야 타당하다. 보물이 있는 꽃밭은 그 나무 괴물 숲을 지나면 있다. 나는 인생의 순간마다 그 나무 괴물을 찾았다.

이런 결단은 내게 아주 익숙하다. 아마도 지난 10여 년간, 이런 결단을 대여섯 번 정도 내렸던 것 같다. 이를테면, 내게는 대학원 공부를 그만두는 게 그랬다. 사람에 따라서는 대학원 공부를 하는 것이 나무 괴물을 만나러 가는 일일 것이다. 오랫동안 진정으로 하고 싶었던 공부를 하는 게 두려워 미루고 회피하다가 기어코 결단을 내리는 경우도 있을 법하다. 그러나 내게는 대학원을 등지는 게 용기였다.

10여 년간 인문학의 세계에 있으면서, 나는 그 바깥으로 나가는 게 점점 두려워졌다. 매일 출퇴근하는 것, 현실에 부대끼며 돈을 버는 것, 치열한 이익 경쟁에 뛰어드는 것이 점점 나는 할 수 없는 일처럼 느껴졌다. 석사를 수료하고 났을 때, 주변에서는 공부를 그만두려는 나를 말렸다. 지난 2년간의 시간이 아깝지 않느냐, 나이 서른에 다른 일을 시작하긴 더 어렵다, 학위라도 받는 게 좋다, 그런 말들을 들었다. 정말 많은 고민을 했지만, 내가 두려워하는 현실을 택했다. 10년 만에 학교 밖으로, 인문학의 성전 밖으로 나갔다.

변호사가 되고 처음 공공기관에 입사한 이후, 송무(소송 업무)에 뛰어들고자 했을 때도 두려움을 느꼈다. 1년 정도 공공 기관에서 일하고 나니, 바깥은 역시 야생의 들판처럼 느껴졌다. 송무 일이 얼마나 힘들고 험한지에 대한 이야기도 지겹게 들었다. 그때, 내게는 두 가지 선택지가 있었다. 하나는 합격한 회사의 사내변호사로 공공기관에서와 비슷한 일을 하는 것이었고, 다른 하나는 송무의 세계로 뛰어드는 것이었다. 나는 후자를 택했다. 당시 후자가 더 두려웠기 때문이다. 이후 독립하여 개업할 때도 마찬가지였다. 그리고 거기에는 내가 원하던 것들이 있었다.

그때 나는 다음과 같은 진실을 배웠다. '여기가 좋아서 여기 있는 게 아니라, 저기로 가기가 두려워서 여기 있는 것이라면, 반드시 저기로 가야 한다.'

두려운 쪽을 선택하는 것은 달리 말해 '어려운 것'을 선택한다는 말로도 바꿀 수 있다. 이 원칙을 배운 건 시인 릴케의 《젊은 시인에게 보내는 편지》(김재혁 역)를 읽으면서였다. 릴케는 이 서한집에서, 우리가 '어려운 쪽'을 향해야 한다는 삶의 대원칙을 분명히 한다. "그러나 우리가 어려운 것을 향해야 한다는 사실은 분명합니다. 살아 있는 모든 것은 어려운 것을 향합니다."

20대 중후반부터 내 인생에 중요한 선택들이 있을 때마다 나는 거의 예외 없이 이 원칙을 떠올렸다. 지금도 삶의 중대한 선택 앞에 설 때면 늘 이 구절을 떠올린다. 삶은 내가 느낄 때 어렵고 두려운 쪽으로 가야 한다고 생각한다.

삶에서 어떤 일이 어려워 보인다는 건 그 일을 하지 말아야 할 기준으로는 적합하지 않다. 무엇보다 어떤 일이 어렵다는 게 그 일이 가치 없다는 뜻이 될 수는 없기 때문이다. 오히려 삶에서 가치 있는 일일수록 어려울 가능성이 높다. 특히, 쉬운 일은 그냥 쉬운 것일 뿐 가치 있는 일이라는 한 톨의 증거도 되지 못한다.

이를테면, 30대에 접어들어 시작했던 일들은 상당수가 내 인생에서 제일 어려운 일들이었다. 생전 처음 해보는 법 공부가 그랬고, 가정을 꾸리고 책임지는 일도 그랬다. 처음 직장을 다니는 일이나 글쓰기 수업을 이끄는 일, 뉴스레터를 만들어 정착시키는 일, 변호사 개업을 하는 일 등 어느 하나 쉬운 건 없었다. 그러나 그 모든 일은 어려웠기 때문에 그만큼 가치 있었다. 반대로 말하면, 가치 있는 일은 어느 정도 어려움을 품고 있다.

어려움을 끊임없이 회피하면서 쉬운 쪽으로 가려고 하면 삶은 정체되는 쪽으로 들어설 가능성이 높다. 마치 운동하는 게 어려워서 집에 누워만 있다보면 건강을 해치는 것과 같다.

그러나 어려움을 딛고 어떻게든 한 발자국 나아가면, 그것은 삶을 만든다. 그러니까 삶을 만드는 재료가 있다면, 그것은 어려움이라는 재료다. 어려운 걸음을 옮길 때마다 삶은 만들어진다.

바위에 분필로 쉽게 그린 그림은 금방 사라지지만, 바위에 조각칼로 새긴 흔적은 세월이 흘러도 사라지지 않는다. 삶이란 바로 그렇게 만드는 것이다. 릴케의 말마따나 "어려운 쪽으로" 집요하게 향하다보면, 나의 삶이란 걸 만들어가게 된다. 그래서 나는 삶이 묘하게 정체되어 있다고 느낄 때면, 내가 쉽게 가려고 하는 쪽이 무엇인지, 반대로 어려울까봐 무의식적으로 꺼리고 있는 게 무엇인지 생각한다.

특히, 어려운 것은 단순히 '힘든 것'과는 구별된다. 매일 지옥철을 타고 출퇴근하는 건 확실히 심신이 지치고 힘든 일이지만, '어려운 일'과는 다르다. 매일 관성에 젖는 것도 힘든 일에 포함된다. 오히려 어려운 쪽으로 나아가기 싫어서 쉬운 것에 머무르다보면 삶은 장기적으로 더 힘들어질 수도 있다. 운동하기 싫어서 누워만 있다보면 몸이 더 힘들어지고 만성 피로에 파묻히듯이 말이다.

어려운 것은 단순히 힘든 게 아니라 두려운 것, 낯선 것, 내가 발 디뎌보지 않아서 마냥 불안과 공포에 떨며 꺼리는 것이다. 그렇지만 그 어려운 길에 가치가 있고, 바로 그 가치를 좇아 그 길을 가야 한다. 이 '가치'는 그 길에 들어서보지 않으면 대개는 제대로 짐작조차 할 수 없는 것이다. 그렇게 나는 오늘도 내가 나도 모르게 '꺼리는' 어려운 길이 무엇인지 곰곰이 생각해본다.

그게 무엇이든, 어려운 쪽으로 가야 한다. 거기에 삶이, 가치가, 의미가 있다.

# 내가 선택한 욕망을 선택하기

선택에 관하여 마지막으로 생각해볼 만한 것은 욕망의 문제다. 인간의 삶에는 묘하게 상식이나 물리법칙에 어긋나는 측면이 있다. 무엇이든 갈망하고 원하고 하게 될수록 그것은 채워져서 더 이상 하지 않게 되는 것이 아니라, 하면 할수록 더 하게 된다는 점이다. 반대로, 무언가를 하지 않고 원하지 않고 놓아둘수록 그에 대한 결핍을 느껴 더 원하게 되기보다는, 하지 않을수록 더 하지 않게 된다. 채울수록 더 채우고 싶어지고, 채우지 않다보면 금방 그 구멍은 막혀버려 더 채울 필요가 없게 된다.

이런 욕망의 구조는 좋은 것과 나쁜 것을 가리지 않는다. 좋은 것도 계속하다보면 더 하고 싶기 마련이고, 나쁜 것도 계속하다보면 더 하고 싶어진다. 반대로, 좋은 것도 하지 않다보면 좋은 것을 행할 에너지가 솟아나는 샘물이 막히고, 좋은 것을 채워 넣을 수 있는 구멍이 막혀버린다. 또한 나쁜 것도 하지 않다보면 그 나쁜 것을 향하는 집착이나 중독이 사라져버리고, 나쁜 것이 쏟아져 들어오는 길에는 댐이 들어선다.

대개 사랑을 삶 속에 채워 넣고 있고, 사랑으로 안정감을 느끼는 사람은 더 사랑하고 싶어하거나, 그 사랑을 넓히고 싶어한다. 그러나 더 이상 무엇도 그리 사랑하지 않는 사람은 다른 무엇도 사랑할 의욕을 잃어버린다. 매일 밖으로 나서고, 산책을 하고, 운동을 하는 사람은 오늘도 나서서 바깥 공기를 마시려 하지만, 한 번 나가지 않기 시작하면 나가는 일 자체에 대한 부담이 쌓이고, 외출 자체를 점점 기피하게 된다. 맛있는 걸 찾아 먹기 좋아하는 사람은 맛있는 걸 먹었으므로 당분간 안 먹어도 좋다고 느끼기보다는, 매일 더 다양하고 맛있는 것들을 찾아 먹고 싶어진다. 그러나 살기 위해 대충 먹다보면, 맛있는 것을 굳이 찾아 먹으려는 의욕 자체도 점점 고갈되어버린다.

돈은 돈이 없는 사람이 더 열심히 벌 것 같지만, 사람이 돈이 없는 상태에 오랫동안 익숙해지다보면 돈이 되는 일에도 흥미가 가지 않는다. 그는 현상 유지에 익숙해진다. 그러나 돈 버는 일에 흥미를 느껴 돈을 벌기 시작하는 사람은 끝없이 점점 더 많은 돈을 벌고 싶어한다. 필요 이상으로, 과도할 정도로 돈벌이에만 중독적으로 빠지는 경우도 적지 않다.

결국 삶에서는 욕망을 적절히 배분해야 할 필요가 있는 셈이다. 그렇기에 욕망과 관련하여 관건은 스스로를 어떤 욕망의 메커니즘 속으로 집어넣을 것이냐는 데 있다. 일단 그 메커니즘 속에 자기 자신을 집어넣고 나면, 그다음에는 욕망이 알아서 나를 끌고 가며 일을 한다. 사랑하는 사람을 만나면 사랑하는 사람이 이끌어주는 욕망의 끈이 있다. 취미 동호회에 나를 넣어두면 그 속에서의 욕망들이 나를 당겨준다. 일자리에 나를 집어넣고 돈이 입금되기 시작하면, 나는 계속 돈을 벌게 된다. 결국에는 그렇게 자기 자신을 몇 가지 욕망에 어떻게 적절히 배치해놓느냐에 따라 삶은 알아서 분화하기 마련이다.

무언가를 선택할 것인가 말 것인가의 문제는 그것을 욕망할 것인가 말 것인가의 문제다. 즉 무언가를 선택한다는 것은 욕망을 선택하고 배치하여 이제 그로부터 시작되는 욕망의 '연쇄 작용'을 받아들이겠다는 결심과 같다. 나라는 인간을 어디에 어떻게 던져놓으면 좋을지를 고민하는 것, 그리하여 나를 내 삶이었으면 싶은 방식으로 배치하는 게임이 삶이기도 한 셈이다. 그렇게 스스로 원하는 것과 원하지 않는 것을 구별하여 배치할 수만 있다면, 나머지는 삶이 알아서 한다. 우리의 역할이란, 삶이 그렇게 알아서 할 수 있게끔 나를 어느 문 앞까지, 어느 물가 앞까지 데려다놓는 일이다.

삶에서 중요한 선택들을 우리가 '완벽하게' 해내는 방법은 없다. 실제로 신이 아닌 한 어떤 선택이 가장 좋은 선택인지 알 방법도 없다. 설령 우리가 최고의 직장과 최고의 짝을 선택했다고 믿는다 할지라도, 신의 입장에서 보면 연봉 두 배에 워라밸도 더 좋고 더 멋진 짝이 다음 골목에서 기다리고 있었을 수도 있다. 그러므로 중요한 건 가능한 한 최선의 선택을 찾되, 선택 이후에는 그 선택 안에서 최선의 삶을 살고자 애쓰는 일이다.

나는 가능한 한 내가 두려워하거나 어려워하는 쪽으로 점진적으로 나아가면서 나의 영역을 넓히고 그 이후 펼쳐질 새로운 대지에 들어서는 게 우리가 보다 생생하게 성장하며 나아가는 길이라 믿는다. 나아가 그 안에서 끊임없이 내가 선택한 욕망을 욕망하면서, 샘물이 마르지 않게 삶을 '생성'의 차원으로 끌어올릴 필요가 있다. 그렇게 나아가다 보면, 어느덧 내가 해왔던 모든 선택을 그 자체로 긍정할 수 있는 순간을 만날 수 있을지도 모른다.

# 2. 반드시 '메타적인 나'에 이르러야 한다

# 누구에게나 약점을
# 찾는 방식이 있다

"체스 고수들은 실제로 자신의 수의 약점에 집중한다. 이에 반해 하수들은 자신의 수를 부정하는 사례들보다 긍정하는 사례들을 찾는다. (…) 조지 소로스는 투자를 할 때 끊임없이 자신이 세운 최초의 가설이 틀렸음을 입증하는 사례들을 찾아내기 위해 노력한다."

_나심 니콜라스 탈레브,《블랙 스완》(차익종, 김현구 역)중에서


처음 법학 공부를 할 때 가장 먼저 들었던 이야기는 교과서의 '회독수'를 늘리라는 것이었다. 교과서를 몇 번이고 계속해서 읽다보면, '리걸 마인드$^{Legal\ Mind}$'라는 것이 체화되어서 법학에 성공적으로 적응할 수 있으리라는 것이었다. 그래서 나도 주위에서 들은 조언에 따라 처음에는 법학 교과서를 대여

섯 번씩 읽었다. 그렇게 받은 첫 학기 성적은 정말 처참했다.

교과서를 계속 반복해서 읽는 식의 훈련이나 공부는 적어도 내게는 맞지 않았다. 그렇게 해서는 다양한 사례들에 제대로 대처할 수 없었고, 응용력도 '자동으로' 생기지 않았다. 누군가는 문제를 많이 풀라고 했다. 그래서 문제도 많이 풀어봤지만, 그것도 내게 큰 도움은 되지 않았다. 그렇게 1년이 지났지만 나아지는 것이 별로 없었다.

그때부터는 공부의 방식을 완전히 바꾸었다. 내가 택한 방법은 모든 내용을 나 스스로 정리하는 것이었다. 그래서 지금도 내게는 전 과목을 내 나름대로 정리한 요약 정리본이 책의 형태로 남아 있다. 그때부터는 성적이 정말 많이 올랐다. 전교 하위권에서 전교 상위권이 되었다. 그것은 순전히 내가 나에게 맞는 나름의 공부법을 찾았기 때문이었다. 나는 무엇이든 스스로 정리하면서, 스스로 체계와 틀을 짜고, 계속해서 그렇게 만든 정리본을 업데이트하는 방식으로'만' 잘할 수 있었다.

그런 방식이 좋았던 것은 아마도 끊임없는 '약점 찾기'가 가능했기 때문이었을 것이다. 나의 약점은 내가 미처 정리하지 못했던 것 그 자체였다. 그러면 내가 정리하지 못한 부분을 보완해서 다시 정리본을 업데이트하는 것으로 약점을 메꾸었다. 누군가는 아마도 반복 회독을 하는 것만으로 자신이 몰랐던 약점을 발견하며 채울 수 있었을 것이고, 누군가는 많은 문제를 풀면서 틀리는 것으로 약점을 찾았을 것이다. 누구에게나 약점을 찾는 방식이 있는 것이다. 핵심은 '약점 찾기'이다.

글쓰기 수업도 다르지 않다. 글쓰기 수업의 과정이란, 대개 내가 약점이나 결점이라고 인식조차 하지 못했던 것을 '인식'하는 일과 거의 다르지 않다. 이런 부분은 잘 읽히지 않는다, 잘 이해되지 않는다, 너무 뻔해서 매력적으로 느껴지지 않는다, 깊이 와 닿지 않는다. 그런 식의 '약점 찾기'를 하는 것만으로도 대부분 사람들의 글쓰기는 비약적으로 좋아진다.

사실상 모든 '피드백'에는 나의 강점을 알아가는 과정뿐만 아니라 나의 약점을 찾는 과정이 포함된다. 우리는 스스로의 장점을 알고 그에 집중하며 나아가기도 해야 하지만, 동시에 나의 약점을 알고 그것을 어떻게 개선할지 고민해야 한다. 이것은 체스 게임이나 수험 공부 같은 것뿐만 아니라 삶의 다 방면에서도 중요한 부분이다.

사랑은 우리 성격의 결함을 알려주고 우리가 더 나은 사람이 되게 한다. 나와 가장 가까운 사람은 나의 약점을 가장 잘 알고, 나는 그로부터 그런 점들을 인식하면서 조금 더 좋은 사람이 된다. 연애 이전에는 자기가 완벽한 줄 알았던 사람도 깊은 관계를 맺어가면서 자기의 결점을 알고 고치는 일을 경험하게 된다.

앞에서 우리는 자기만의 삶을 선택하는 방법을 모색해보았다. 그리하여 우리가 이미 어떤 선택들을 통하여 삶의 나름의 영역에 들어섰다면, 이젠 그 선택 안에서 나를 더 '개선'시키기 위하여 약점들을 찾을 필요가 있다. 좋은 사랑을 하고 싶다면, 나의 문제를 찾아야 한다. 체력이 약해서 아이랑 놀아주는 것도 힘들어 주말에 누워만 있다면, 드디어 PT를 등록해 헬스장에 가야 할 때인 것이다. 일에서의 성과든 취미에서의 능력이든 우리는 적극적으로 약점 찾기에 임해야 한다. 스스로의 약점을 확인하는 두려움과 자기방어에서 벗어나, 약점을 마주하는 용기를 발휘하는 바로 그 시점부터, 우리의 모든 것은 더 나아질 것이다.

이를 달리 말하면, 우리는 늘 '메타적인 나'의 존재를 자각해야 한다. 승부나 게임에 빠져 있는 '나'뿐만 아니라, 그로부터 한발 물러나 그 속에서 내가 어떤 약점을 가지고 있는지 판단해줄 또 다른 '나'를 자각해야만 하는 것이다. 그런 메타적인 나의 자리를 찾지 못하면, 나의 약점이나 결점에 나는 기분만 나빠질 것이고 개선할 의지를 갖지 못할 것이다. 나는 나를 객관화해서 볼 자리가 필요하다. 바로 그 자리가 '메타적인 나'의 자리인 것이다. 우리는 때로 바로 그 자리에 들어서야 한다.

# 단절의 능력

인생에서 가장 중요한 능력 중 하나로 '단절'의 능력을 꼽을 수 있다. 단절의 능력이란, 무엇이든 자신의 의지와 힘으로 끊어낼 줄 아는 능력이다. 알코올이나 도박 중독을 끊어내는 것에서부터, 쓸데없는 생각을 중지시키고, 나태한 상태를 절단시키며, 유혹에 휩쓸려가는 자신을 멈춰 세우는 게 모두 '단절'의 일종이다.

단것을 계속 먹고 싶은 건 자연스러운 본능이지만, 그 본능을 어느 순간에는 끊을 줄 알아야 건강을 지킬 수 있다. 아이들은 통상 TV에 정신없이 빠져들지만, 자기 스스로 TV 보는 걸 절제할 줄 아는 아이는 비범하다. 알고리즘은 우리에게 끊임없이 우리 입맛에 맞는 맞춤형 콘텐츠를 제공하여 시간을 빨아들인다. 그러나 그보다 가치 있는 것을 하려면, 그 빠져드는 일을 어느 순간 끊어내야 한다.

걱정이나 불안을 끊어내지 못하면 우리는 행복할 수조차 없다. 우리 시대는 근본적으로 걱정과 불안이 없는 것이 불가능한 시대다. 평생직장 개념도 사라져가고, 금융과 자본을 둘러싼 유동성도 매우 심하다. 그 밖의 모든 리스크 생각하며 걱정하고 있다가는 하루 몇 시간도 제대로 누릴 수 없다. 그래서 단절의 능력이 부족하면 걱정을 잊기 위해 술이나 마약, 자극적인 콘텐츠 같은 것에 지나치게 의존하게 된다.

인내심이나 꾸준함, 루틴 같은 것들이 요즘 시대의 화두이다. 삶에서 무엇이든 꾸준하게 이어가는 것의 중요성에 많은 사람이 공감한다. 그러나 이 '꾸준함'으로 요약할 수 있는 태도의 핵심도 '단절'일 수 있다. 매일 아침 일어나 달리기를 하는 사람에게 가장 필요한 건 무엇일까? 그 달리는 시간을 다른 시간과 구별하고 단절시키는 능력이다. 인생에 무슨 일이 일어나건, 오늘 기분이 어떻건, 어떤 의심이 들건, 그 모든 걸 끊어내고 일단 달리는 것, 그것이 꾸준함의 비결이다.

창의성이나 상상력이 중요한 시대라고들 한다. 그런데 창의성이란 무엇일까? 기존과 다른 그 무언가를 만들어내는 것을 뜻한다. 가령 기존의 패션이 점점 스키니해지고 달라붙는 옷만을 선호할 때, 그런 상태를 끊어내고 헐렁한 패션이 등장하면 이 패션은 창의적인 것이 된다. 모두가 휴대전화는 전화기로만 써야 한다고 생각할 때, 그 상태를 끊어내고 휴대전화를 컴퓨터처럼 상상할 때 스마트폰이 탄생했다. 창의성은 기존 상태의 연속이 아니라 기존 상태와의 단절이다.

코로나19 시대가 도래했을 때 기업들에게 중요했던 건 재빠르게 기존 관습과 단절하는 일이었다. 가령 재택근무를 빠르게 도입하고, 온라인 회의 등에 발 빠르게 적응한 회사가 결국 앞서가는 회사가 되었다. 오프라인 매장만 운영하던 상태에서 온라인으로 빠르게 전환한 업체들이 큰 수익을 얻기도 했다. 나만 하더라도 그 시절 온라인으로 글쓰기 모임을 하면서 전국에 있는 사람들과 '각자의 방에서' 무척 활발한 만남을 가졌다. 필요한 건 새로운 상황에 맞는 새로운 방식이고, 그것은 곧 기존 방식과의 단절을 의미한다.

단절은 이처럼 거의 언제나 중요하지만, 특히 자기 자신과의 단절이 가장 중요하다. 매너리즘과 권태에 빠진 나, 습관적인 중독에 빠진 나, 나태함에 빠진 나, 상처 받은 나, 자책하거나 후회하고 걱정하는 나, 그런 나와 단절한 곳에는 백지처럼 깨끗한 내가 있다. 그 나는 사랑에 몰두할 수도 있고, 좋아하는 일에 몰입할 수도 있으며, 나를 돌보는 일에 집중할 수도 있다. 상호 간에도 단절은 중요하다. 사랑하다가, 자기의 일을 하고, 다시 사랑하다가, 나를 돌보고, 다시 당신을 보고, 그 일들의 '건너다님'에도 역시 단절이 핵심이다. 달리 말하면, 우리는 언젠가 정신을 차려야 한다. 혹은 더 자주 깨어 있어야 한다. 내가 무엇을 하고 있는지, 나를 분리하여 바라볼 수 있어야 한다. 단절력 혹은 절단력을 길러야 한다.

그런데 이 '단절'이야말로 바로 '메타적인 나'로 나아가는 일이다. 나는 '지금 나' 혹은 '지금 상태'에서 빠져나와, '다른 나' 혹은 저기 '다른 상태'로 넘어가야 한다. 그것을 하려면 여기와 저기를 다 볼 수 있는 '더 큰 나'가 필요하다. 메타적인 나를 자각하지 못하면, 우리는 우물에 빠진 개구리처럼 평생 그곳에서 벗어날 수 없다. 우리는 계속 나와 거리를 두고 나를 바라보아야 한다. 나는 단수가 아니라 복수이며, 내 안에는 내가 더 있다. 나는 내 안의 나를 찾아야 한다.

# 해결하는 데 오래 걸리는
# 문제를 해결하는 법

삶에는 크게 두 가지 문제가 있다. 하나는 해결할 수 있는 문제이고, 다른 하나는 해결할 수 없는 문제이다. 당연하게도 해결할 수 없는 문제와는 앞에서 말한 대로 최대한 마음을 단절시키는 게 바람직하다. 마음을 써야 하면서도 어려운 건 오히려 항상 '해결할 수 있는 문제' 쪽이다. 특히 당장 해결할 수 있는 문제는 그저 그 일을 하면 된다는 점에서 명쾌하지만, 가장 골치 아픈 건 당장 해결할 수 없는 문제이다. 삶을 갉아먹는 근심 걱정이 있다면, 대개는 이 '해결하는 데 오래 걸리는 문제'인 것이다. 이 문제와의 관계가 삶의 질을, 혹은 오늘의 질을 결정한다.

이 해결하는 데 오래 걸리는 문제는 사람에게 거머리처럼 달라붙어서 삶의 기운, 기력, 기분을 꾸준히 갉아먹는다. 대표적으로 부모님의 병환과 같은 집안 문제가 있을 수 있고, 당장 해결할 수 없는 장기적인 채무나 당분간 벗어날 수 없는 회사 상사와의 문제 등이 있을 수 있다. 그런 문제를 몇 개 지니고 있다는 것만으로도 삶을 견뎌내는 일이 제곱근으로 어려워진다. 그래서 정말로 당장 해결할 수 없는 문제가 있다면, 이 문제와 싸울 수 있는 온갖 방법들을 강구해야 한다.

첫째는, 문제를 잊는 것이다. 어차피 당장 해결할 수 없는 문제라면, 그냥 문제를 잊고 행복을 누리는 연습을 해야 한다. 안 그러면 그 문제가 해결될 때까지의 수많은 시간은 사실상 '잃어버린 시간'이 되어버린다. 가령 회사 상사와의 문제가 있는데, 이를 퇴근한 이후에 잊지 못하면 인생 전체가 블랙홀처럼 그 '문제'의 노예가 되어버린다. 나는 그 상사가 없는 동안에도 불행해하느라 인생의 모든 시간을 낭비할 수밖에 없다.

둘째는, 문제 자체를 마음에서 덜어내되 그 문제를 점진적으로 해결하는 데 도움이 되는 일들을 삶에 '배치'해두는 것이다. 여기에서 필요한 것이 계획과 계산이다. 가령 빚이 1억이 있고, 이 빚을 갚는 게 장기적인 문제라면, 한 달에 내가 갚을 수 있는 돈과 걸리는 시간을 계산해둔다. 가령 한 달에 100만 원을 갚을 수 있다면, 이자를 포함해서 10년 정도가 걸린다는 계산이 가능할 것이다. 그러면 그냥 매달 100만 원씩 10년 동안 내는 것으로 아예 '고정'을 해둔 다음, 1억을 갚아야 한다는 사실 자체를 잊어버려야 한다. 할 수 있는 걸 하고 있으므로, 그렇게 문제는 정확히 10년 뒤 해결될 것이므로, 그냥 할 수 있는 일을 하면서 문제를 잊어버려야 한다.

나쁜 것은 문제에 계속 시달리고 부담감을 느끼면서 살아가는 일이다. 가령 빚을 갚아야 하는 문제로 인해 소비를 줄여야 하고 생활에 어려움이 있는 것과 별개로, 계속 빚이 있다는 '사실'에 시달리는 것은 삶에 도움이 되지 않는다. 할 수 있는 일을 하고 있고 해결해나가고 있다면, 추가적인 부담, 근심, 걱정은 그 자리에서 떨쳐내야 한다. 할 수 있는 일을 하고 있으면, 그냥 살아가면 된다. 오늘 저녁에 행복해도 되고, 주말에 편안해도 된다. 어차피 할 수 있는 일이 더 없다면 말이다. 나아가 그래야만 그 '빈자리'에 새로운 일도 들어올 수 있고, 그러한 새로운 일들이 잘 풀려서 문제의 종합적인 해결책을 제시할 가능성이 생길 수도 있다.

그러나 가장 나쁜 일이 있다면, 문제를 회피하며 방치하는 것이다. 막연히 언젠가 신의 도움이나 운명으로 문제가 해결되겠거니 믿으며 스스로를 거짓된 믿음 속에 방치하는 일이다. 어떤 문제는 결코 저절로 해결되지 않는다. 어떤 문제는 시간과 세월이 치유해주지 않는다. 어떤 문제는 장기적으로라도 스스로 해결해야만 한다. 그러기 위해서는 오늘부터 그 문제의 일부를 해결해야 한다. 오늘 할 수 있는 일을 하고, 시간들을 쌓아 문제가 해결될 수 있게끔 '계산'을 해야 한다.

적당히 회피하며 살아가다가 막다른 길에 이르면 어떤 방법이 있겠지, 생각하는 건 나쁜 삶의 태도이다. 여차하면 죽으면 되지, 스스로 목숨을 끊으면 되지, 생각할 수 있겠지만, 인간이란 그렇게 간단히 죽어지지 않고, 죽어서도 안 된다. 방법은 오늘부터 하루하루 쌓아가는 시간의 힘을 믿는 것이다. 자아를 분리해 오늘로부터 나를 떨어뜨린 다음, 계산과 계획을 해야 한다. 사람이 오늘 하루에 안심하고 물들어 살아갈 수 있으려면, 이 오늘에서 벗어나 계획을 확정시키는 일이 참으로 중요하다.

오늘의 내가 안심하고 살아가려면, 항상 장기적인 문제들에 대한 계획을 세우고 있는 또 다른 '나'의 역할이 확실해야 한다. 그 '나'는 '오늘의 나'에게 '오늘 전'에 이미 모든 명령을 내려두었어야 한다. '네게는 10년이 걸리는 문제, 5년이 걸리는 문제, 1년 혹은 1개월이 걸리는 이런저런 문제들이 있어. 그리고 나는 그에 대해 계획을 세워두었으니 너는 안심하고 그 계획에 따라 충실히 살면 돼. 오늘의 나야, 너는 더 걱정하거나 근심하지 말고, 네가 할 일을 해. 그리고 나머지 시간에는 행복하도록 해. 그렇게 살아가면 돼.' 그렇게 말해주어야 한다. 그래야만 삶을 이겨낼 수 있다.

이처럼 바로 '메타적인 나'의 명령에 복종할 수 있는 태도야말로 우리의 삶을 지켜낸다. 우리는 때로 스스로에게 명령을 내리는 장군이 되어야 한다. 그리고 나는 바로 나의 계획에 복종해야 한다. 그것이 삶에 여백과 시간을 만들고, 우리에게 자유를 준다. 우리는 삶의 온갖 문제들에 뒤엉켜 찐득하게 붙어 있는 상태에서 벗어나, 우리 자신에게 깔끔한 해결책을 주고 문제를 잊게 해주어야 한다. 우리에게 자유를 주는 것은 다름 아닌 우리 자신이다.

# '메타적인 나'에 이르는
# 한 가지 방법, 글쓰기

'메타적인 나'에 이르는 방법은 사람마다 다를 수 있다. 누군가는 마음챙김이나 명상을 통해, 누군가는 교회에서의 기도를 통해, 누군가는 믿을 수 있는 사람과의 깊은 대화를 통해 '메타적인 나'를 자각하고 찾는 시간을 가질 수 있다. 여기에서 나의 예를 소개하자면, 나에게 이 '메타적인 나'를 깨우는 가장 중요한 방식은 바로 글쓰기였다.

나는 작가이자 문화평론가로 10년을 훌쩍 넘게 살아왔고, 개업 변호사로서 소송 일뿐만 아니라 여러 위원회 등에서 다양한 일들을 맡으며 살아간다. 무엇보다도 매일 아이를 키우는 아빠로 살아가고 있다. 그 모든 일들이 내 생활을 빼곡히 채우는데, 나에게는 어떠한 현실이 펼쳐지든 계속 이어지는 일이 하나 있다. 바로 '글쓰기'이다.

수험 생활에서부터 신혼과 육아, 직장과 개업 생활에 이르기까지 내게 글쓰기는 언제나 중요했다. 공부하는 수험생이 글 쓰는 건 딴짓하는 일에 불과하다고 생각할 수 있다. 직장 인사팀도 글 쓰는 직원이 딱히 업무 효율이 좋을 거라 생각하진 않는다. 아이랑 놀아줄 시간에 글 쓰는 것도 훌륭한 육아인의 태도라고 하지 않을지 모른다. 그러나 내 생각은, 내 경험은 완전히 다르다.

나에게 글쓰기란 늘 '깨어 있게' 되는 일이었다. 글을 쓸 때면 비로소 가장 깨어 있는 상태가 될 수 있었다. 이를테면, 수험 생활 틈틈이 쉬는 시간이나 밤 시간에 글을 한 편씩 쓰는 건 나를 지속적으로 깨어 있게 만들었다. 정신이 명료해지고 뇌가 깨어나면 공부의 효율은 몇 배 나아졌다. 직장을 다닐 때도 마찬가지였다. 오전 내내 거의 자는 상태로 일하다가도, 혼자 점심시간에 브런치 카페에 가서 글을 한 편 쓰고 나면, 정신은 고도로 깨어나서 식곤증도 없이 일의 효율이 좋아지곤 했다. 평소보다 일 처리를 대여섯 배 빠르게 하는 것도 가능했다. 무슨 글을 썼느냐 자체는 크게 중요하지 않았다. 글쓰기이기만 하면 되었다. 지난 주말의 육아든, 사회 문제에 대한 비평이든, 어제 본 드라마의 리뷰든 쓰고 나면 나는 깨어났다. 그래서 지금도 내게는 글쓰기가 무척 중요하다.

'맨땅에 헤딩'하듯이 개업하고 삶을 이끌어나가는 입장에서 매일 깨어 있는 것만큼 중요한 일도 없다. 반쯤 잠든 채로 일어나 반쯤 잠든 채로 하루를 보내고 일주일을 보내면, 이 '개업 상태'에서의 삶이란 단 한 걸음도 나아가지 못한다. 그 대신 매일 깨어나서 할 일을 찾고, 우선순위를 정해서 해치운 다음, 새로운 일거리를 찾아 두리번거리려면, 야생에서처럼 깨어 있어야 한다. 글쓰기는 나를 매일 그렇게 깨어 있는 상태로 만든다.

이런 깨어 있음은 단순히 공부나 일, 사업과 관련해서만 중요한 건 아니다. 나는 삶 전체에 '깨어 있음'이 무척 중요하다고 느낀다. 아이랑 보내는 주말도 자면서 보낼 수 있다. 같이 있지만 제대로 시간을 보내는 게 아니라, 그냥 같이 있기만 하면서 시간을 흘려보낼 수도 있다. 반면 창의적인 놀이를 만들고, 함께 떠날 새로운 경험을 찾아보고, 신선한 추억을 만들기 위해 노력하려면 깨어 있어야 한다. 그러면 확실히 더 좋은 시간을, 시절을, 삶을 산다.

매일 깨어나서 오늘 하루의 소중함을 자각하고, 나아가 오늘 하루 내가 처해 있는 자리를 큰 그림 속에서 인식하는 데 글쓰기는 절대적으로 중요했다. 우리는 어느 쪽으로든 잠든 채로 살아갈 수 있다. 매일 반복되는 일상 안에서, 오늘 하루의 소중함을 보지 못하는 것이 첫 번째 '잠듦'이다. 그리고 그런 반복에 파묻혀 내 삶을 더 큰 차원에서 바라보지 못하는 것이 두 번째 '잠듦'이다. 그 두 가지 잠듦에서 모두 깨어나 하루를 사랑하고, 더 큰 이야기 속에서 나아가는 삶의 주인공이 되는 것이 깨어남이다.

나는 바로 늘 그렇게 깨어 있고 싶은데, 그 깨어 있음을 위해 글을 쓴다. 적어도 살아 있는 동안은 더 명료하게 깨어 있고 싶어서 쓴다. 계속 쓰는 사람이 잠들 방법은 없다. 어쨌든 계속 쓰면, 나아간다. 그래서 글쓰기는 걸음이고, 잠들지 않음이고, 죽지 않고 살아 있음이며, 나아감이다.

# 큰 그림에 대한
# 감각을 간직하기

모르는 사람이 없고, 한때는 안 해본 사람이 없다는 스타크래프트라는 전략 시뮬레이션 게임이 있다. 처음에 '일꾼' 네 명으로 시작해서 자원을 캐고, 그 자원으로 건물을 짓고, 병력을 생산하여 전쟁을 하는 게임이다. 나도 청소년 시절에는 이 게임을 대단히 좋아해서 열심히 하기도 했고, 가끔 생각나면 옛 프로게이머들의 게임을 찾아보곤 한다. 그런데 게임 중계를 보면서 알게 된 것이 있는데, 이 게임에서 핵심은 다른 것보다 '시간 관리'라는 점이다.

어릴 적에야 무작정 자원을 많이 모아서 병력을 많이 뽑으면 이기는 게임인 줄 알았지만, 프로의 세계에서 이 게임의 승패는 시간 관리가 가른다. 그래서 게임 해설가들도 계속 게이머들이 어떻게 '시간을 버는지'를 설명해준다. 가령 프로들은 사실상 자기 진영이 텅 비어버릴 때까지 병사들을 적진에 보내곤 한다. 그러면 상대방은 쳐들어오지도 못하고 계속 방어하느라 급급한 경우가 많다. 그동안 시간을 번 게이머는 건물을 더 많이 짓고, 자원을 많이 모아두어 '한 방 공격'을 노린다. 큰 그림이 중요하다는 것을 알고, 작은 병사들을 계속 소모시킬 줄 아는 것이다. 그렇게 보면 이는 바둑과도 비슷한 데가 있다. 돌 몇 개를 희생시키면서 큰 그림을 그려나가다보면, 상대는 돌을 몇 개 따먹는 데 신이 나서 정작 전체 판에서는 패하는 일이 일어나곤 한다. 그래서 이 게임을 '전략' 시뮬레이션이라 부르는 것일 테다. 중요한 건 전투에서 이기는 게 아니라 전쟁에서 이기는 것이다.

삶에서 중요한 일을 해나가는 방식도 다르지 않다. 결국 하루하루 눈앞의 것들만 해치우는 데 급급하기보다는, 큰 그림을 그려서 자기가 원하는 곳에 도달하고자 하는 사람들이 성공할 확률이 높다. 이것은 꼭 사회적인 성공이나 출세의 방법에만 국한된다기보다는, 삶 자체를 보다 나에게 어울리는 '좋은 삶'으로 만들어나가는 방법이기도 하다. 내가 지금 하는 것들 하나하나를 보다 큰 그림에 연결시킬 줄 아는 그 근저의 태도, 즉 '메타적인 태도' 말이다.

예를 들어, 영화 한 편을 보더라도 그저 재미있게 보고 오늘 즐기고 잊어버리겠다는 생각보다는, 내가 이렇게 보는 영화 한 편 한 편에 대해 글을 써서 언젠가 영화 비평집을 한 권 내겠다는 마음을 먹고 있으면, 그는 언젠가 그 시간을 한결 더 가치 있는 것으로 되돌려받을 가능성이 높다. 여행을 가서도 실컷 돈만 쓰고 즐기고 오겠다는 태도보다는, 사진들이나 영상들을 모아서 자기 콘텐츠를 만들겠다는 큰 그림을 갖고 있으면 여행 자체가 더 의미 있어질 수도 있다.

때로 이런 태도는 어떤 우울함과 맞서 싸울 힘을 주기도 한다. 내가 지금은 초라하고, 이 하루가 아무런 가치가 없는 것 같고, 하루를 견뎌나가는 것조차 힘들다고 느껴질 때는, 필사적으로 큰 그림을, 보다 거대한 시간을 생각해보면 도움이 된다. 이 시간이 이르고 있을 보다 나은 곳을, 더 거대한 흐름을 생각하고 그 측면에 발을 디디고 있다보면, 이 하루는 조금 더 나은 맥락을 갖게 되고, 그 맥락의 힘이 하루를 견뎌내게 한다. 달리 말하면, '오늘만 사는 나'를 넘어서 더 큰 시간 속에 사는 '메타적인 나', 즉 '더 큰 나'를 생각하는 것이다.

# 삶을 넓게 보고
# 좁게 보는 리듬

'메타적인 나'에 이르기 위해 마지막으로 생각해볼 만한 것은 '큰 그림을 보는 것' 이상의 관점으로 나아가는 것이다. 생각해보면 너무 큰 그림에만 집착할 경우, 하루하루의 시간들이 일종의 수단으로 전락할 가능성도 있다. 마치 적진에 보내서 희생시킨 병사들처럼, 이 하루하루가 죽어나갈지도 모른다. 그러나 삶이 전쟁과 다른 게 있다면, 이 하루의 소중함을 살리면서도 인생 전체를 살릴 수도 있다는 점이다. 이 하루의 가치를 충분히 사랑하면서도 전체 그림에 대한 감각을 간직할 수 있다. 우리는 오늘을 살면서도 더 큰 시간을 살고 있다.

그래서 우리는 여기에서 삶에 대한 두 가지 관점을 생각해볼 필요가 있다. 하나는 삶을 넓게 보는 것이고, 다른 하나는 삶을 좁게 보는 것이다. 먼저, 우리는 내가 오늘에만 갇혀 있는 존재가 아니라 거대한 삶의 진행 과정에 속해 있다는 감각을 계속 확인해야 한다. 과거부터 지금까지 나는 제법 잘해왔고, 허송세월하지 않았으며, 나름의 흐름으로 시간을 잘 쌓아왔다는 마음을 다져봐야 한다. 또한 나는 미래의 어디로 가는 길이고, 어떤 과정에 속해 있으며, 나의 위치가 어디쯤인지 알아야 한다. 그렇게 머릿속으로 '거대한 시간' 속에 자기 '위치점'을 확인하는 일은 오늘의 감정 기복이라든지, 삶을 가라앉히는 우울에서 나를 끄집어 올려주는 동아줄 같은 것이 된다.

반면, 어느 때는 그런 거대한 시간을 잊어야 할 때도 있다. 거대한 시간에만 마음을 두면 하루하루가 너무 느리게 간다. 언제 이 시간이 지나갈까에만 골몰하게 되고, 하루하루는 지리멸렬한 숫자들이 될 뿐이다. 오늘의 가치는 긴 여정에서 일부에 불과한 하찮은 것이 된다. 그렇기에 일단 '거대한 시간'을 확인한 다음에는, 그 거대함으로부터 내려와서 그냥 오늘 속으로 다이빙할 필요도 있다. 그저 나에게 주어진 것들을 하루하루 해낸다는 느낌으로, 매번 주어진 과제들을 하나씩 하나씩 처리해간다. 그렇게 스케줄러에 매일 빗금 그어내듯이 내가 해야만 하는 일들을 하다보면 또 어느덧 시간은 지나가 있다. 지나 보내야 할 시간을 지나 보내게 된다.

삶에서의 마인드 컨트롤이란, 대개 이 두 가지 관점을 오가는 일이다. 오늘 하루가 못 견딜 것 같을 때는 거대한 시간을 생각한다. 반대로, 이 거대한 시간 속에서의 과정을 못 견딜 것 같을 때는 오늘 하루의 할 일에 뛰어든다. 그렇게 삶을 계속 굴려가야 하는 것이다.

개인적으로 나는 특히 수험 생활에서 이런 '관점 오가기'의 중요성을 절실히 느꼈다. 지리멸렬할 정도로 끝나지 않는 시간을 견디게 하는 건 오늘의 의무들에 뛰어들고, 그 의무들을 해낸 다음, 지워나가는 일이었다. 반대로 그런 의무들에 짓눌릴 때면, 수험 생활의 끝에까지 이르는 거대한 여정을 생각하는 게 도움이 되었다. 나아가 인생 전체의 관점에서 내가 속한 시간을 내려다보면 그 시간이 매우 짧게 느껴져 견디는 데 도움이 되기도 했다.

결국 무턱대고 버티거나 그저 괜찮아지기를 막연히 기다리기보다는, 끊임없이 자기를 재위치시키는 시도를 해야 할 필요가 있다. 나를 이렇게도 보고, 저렇게도 봐야 한다. 오늘을 이런 관점에서도 보고, 저런 관점에서도 봐야 한다. 삶이란 마냥 잘 굴러가지만은 않는 바퀴 같은 것이어서, 그렇게 바퀴에 기름칠하듯이 의식적으로 애를 써주어야만 한다. 그렇게 어떻게든 굴려가야만 하는 것이다.

결과적으로 우리는 큰 그림을 더 큰 곳에서 보는 '메타적인 나를 메타 자각'하는 단계에 대해서까지 말할 수 있다. 큰 그림을 그리되, 그 큰 그림과 오늘 하루의 조화까지 생각해볼 수 있는 것이다. 결국 삶은 큰 그림의 계획 안에서만 이루어지는 게 아니다. 큰 그림을 다시 메타적으로 자각하며 오늘 하루의 중요성까지 명료하게 인식하는 '더 큰 자아'의 관점에 섰을 때, 비로소 삶을 온전히 대할 수 있다.

# 3. '나'의 관점으로
# 삶을 이끌기

# 타인이 나를 규정하도록
# 두어서는 안 된다

앞에서 '삶'이라는 바다에서 어떻게 '메타적인 나'라는 배를 만들고 그 위에 올라탈 수 있을지를 이야기했다. 여기서는 그 배의 방향타에 대해서 이야기해보고자 한다. 즉 이번에 이야기하고자 하는 것은 '나'의 관점으로 삶을 이끄는 법에 대한 것이다.

삶을 항해라고 한다면, 우리가 해야 할 것은 자기만의 관점을 가지고 자신의 항로를 따르는 것이다. 우리가 항해사라면, 별들의 위치를 찾고 그로부터 자기가 가야 할 길의 각도를 정확히 알고 자기만의 항로를 나아가야만 한다. 온갖 조류에 휩쓸리거나, 지도를 잘못 보거나, 다른 배를 따라 가다가는 목적지에 제대로 도착하지 못하는 건 물론이고, 표류하거나 난파될 위험이 있다. 이러한 '나의 항로 찾기'에서 처음 생각해보면 좋은 것은 타인들이 나를 규정하도록 두어서는 안 된다는 점이다.

살아가다보면 사회 생활에서든 주변 관계에서든 서로를 '규정'하는 일이 끊임없이 일어난다. 쟤는 성격이 어때, 저 사람은 어떤 종류의 사람이야, 그 사람은 어떻게 사는 사람이지, 같은 규정들은 인간사에 늘 있기 마련이다. 그러나 타인들의 규정 속에만 나를 맡겨놓으면, 점점 자기 삶의 주도성을 잃어 버리게 된다. 타인들의 규정은 어느 순간 나를 가두는 감옥이 되고, 나는 그 규정들 자체를 자신의 한계로 받아들이기도 하기 때문이다.

타인들에 의한 그런 '한계 짓기'는 정말 쥐도 새도 모르게 이루어져서, 어느덧 바꿀 수 없는 정체성 비슷한 것이 되기도 한다. 그러다 어느 날 '나는 이런 나를 바란 게 아니었는데', '나는 정말 내가 원해서 지금의 나에 이르게 된 걸까' 같은 생각을 하게 될지도 모른다. 어떤 인정, 상처, 복종, 호의, 관심, 규정 같은 것들이 뒤섞이면서 자신의 한계가 되어버리는 것이다.

그래서 우리는 타인들이 나를 어떻게 규정하든지, 나 자신이 나를 규정하는 방식을 알아야만 한다. 그럼으로써 자기 자신을 스스로 규정하는 습관을, 궁극적으로 나를 규정할 수 있는 힘은 내게 있다는 확인을 쌓아나가야 한다. 그런 '자기규정'

은 당연히 '언어 행위'라는 점에서 생각하기, 말하기 또는 글쓰기로만 실현할 수 있다.

그중에서 단연 가장 강력한 힘을 지니는 것은 '글쓰기'다. 생각도 말도 무형의 것이고, 흘러가고 나면 흩어지거나 흐물거리는 연기 같은 것이 된다. 그러나 글쓰기는 우리가 규정하고 싶은 '나'라는 그 추상적인 정체성, 그 자기규정을 검은 잉크로 형상화시키며, 그 무엇보다 단단하게 우리 자신에게 제시해준다. 그래서 나는 스스로를 규정하면서 자발적으로 살아가는 일에서 글쓰기를 빼놓을 수 없다고 생각한다. 그것은 매일같이 내게 물밀 듯 쏟아져 들어오는 타인들의 규정에 맞서 자기를 규정지어 나가면서 울타리를 닫지 않고 나의 한계를 열어두는 일이다.

스스로 삶의 주도성을 쥐고 살아가는 사람들은 끝없이 말한다. 주변 사람에게든, 부하 직원에게든, 세상을 향해서든 자기의 비전과 자기의 삶과 자기가 걸어가는 길에 대해 이야기한다. 그들은 타인들이 자신을 규정짓고 한계 짓도록 내버려두지 않으며, 계속하여 스스로가 규정짓는 삶을 살아가고자 한다. 나는 그것이 삶을 자기 자신의 삶으로 살아가는 방식이라고 믿는다. 우리는 끊임없이 말하고 선언하고 씀으로써 자기 자신이 된다.

# 스스로의 롤 모델 되기

언젠가 나는 삶에서 '롤 모델'이 있어서는 안 된다고 느낀 시점이 있었다. 정확히 말하면, 롤 모델에 집착해서는 안 된다는 것인데, 나에게는 제법 중요한 깨달음이었다. 가령 어떤 사람의 삶이 좋아 보인다고 해서 그 사람처럼 살고자 한다면, 삶이라는 게 오히려 마땅히 가야 할 길을 가지 못한 채 일그러지는 것처럼 느껴졌다. 그보다는 오히려 내 삶만이 가진 '맥락'을 알아가야 한다고 느꼈다.

지금 내 삶을 들여다보면 내게는 롤 모델이, 그러니까 앞서간 누군가의 발자취랄 게 없다고 느낀다. 어쩌면 그것은 시대적인 조건일지도 모른다. 기성의 삶의 방식들이 많이 무너졌고, 우리 세대에게 주어진 삶은 온전히 새로이 개척해야 하는 것이 되었을지도 모른다. 예를 들어, 롤 모델로 존재하던 어느 학자의 삶, 작가의 삶, 법조인의 삶, 교사의 삶 같은 것들이 더 이상 쉽사리 통용되지 않는 시대다. 과거의 사람들이 살았던 방식대로, 그대로 살아가기가 요원치 않다.

과거의 작가들은 많은 경우 문예지의 공모전에 당선되어 등단을 하고 문단에 소속되어 선후배 관계를 맺으며 자리를 잡아갔다. 그러나 최근에는 과거와 같은 그런 '정식 루트'랄 것은 상당히 와해되었다. 대부분의 작가는 등단을 거치지 않는다. SNS에서 유명세를 얻은 이후 작가로 데뷔하기도 하고, 무작정 출판사에 원고를 투고하여 작가가 되기도 하며, 자비출판이나 스스로 만든 뉴스레터로 작가 활동을 시작하기도 한다.

마찬가지로, 학자의 경우에도 과거처럼 도제식으로 지도교수에게 충성을 다하면 언젠가 정년 트랙 교수로 자리 잡는 방식도 거의 불가능해졌다. 일단, 정년 트랙 교수직 자체가 매우 줄었을 뿐만 아니라, 학과가 통폐합되는 경우도 많아졌다. 외부에서 다양한 경력을 가진 인사를 영입하는 경우도 흔하다. 어찌 보면 각자 살길을 알아서 잘 고민해야 하는 시대가 된 것이다.

법조인의 삶이라는 것도 제각각이다. 누구는 소송을 전문으로 하고, 누구는 자문을 한다. 누군가는 그러다 사무실을 개업하고, 누군가는 기업이나 공공기관의 직원이 된다. 그중 어떤 삶이 내게 어울릴지는 알 수 없다. 누군가를 롤 모델로 삼더라도, 그의 삶을 그대로 따라 살기도 어렵다. 나는 결국 나의 방식을 알아야만 하고, 나에게 주어진 길을 발견해야만 한다. 괜히 그럴싸해 보이는 삶을 억지로 쫓느라 내게 주어진 삶도 놓쳐버리는 경우가 태반일 것이다.

나는 어느 순간부터 결국 누구도 살지 않은 삶을 살고 있다고 느낀다. 스무 살에는 하루키나 헤세, 카뮈, 르귄 같은 소설가처럼 나만의 작품을 창작하며 살고 싶었고, 20대가 저물 즈음에는 어느 철학자나 기호학자처럼 학자로서의 삶도 살고 싶었다. 그러다가 서른쯤 되어서는 어떻게 살아야 할지 고민을 거듭하다가, 그전에는 상상도 한 적 없는 어느 토끼 굴로 굴러떨어져서 이상한 나라의 변호사가 된 셈이다. 그런데 마치 이 삶이 이제야 나에게 맞는, 기성복이 아닌 맞춤복 같은 삶처럼 느껴지기도 한다.

인간은 매 시대, 매 세대, 매번의 탄생마다 그렇게 자기의 삶을 발굴해나가야 한다. 정체성, 꿈, 자아, 사랑, 일, 그 모든 것에서 자기에게만 어울리는 어떤 조합이 있을 것이다. 그래서 필요한 건 롤 모델이 아니고, 어느 정도 부분적으로 참고할 수 있는 샘플들이다. 이런저런 샘플들을 구경하고 부러워하기도 하면서, 결국 자기만의 '정품'인 삶을 구해야 하는 것이다.

그 힘은 결국 자기에 대한 믿음, 특히 자기가 사랑하는 것에 대한 믿음과 용기로부터 시작될 수밖에 없을 것이다. 누구도 우리의 삶을 대신 살아줄 수 없고, 우리 삶의 모든 길을 제시해줄 수도 없다. 우리는 이 지구상에서 전대미문의, 이전에 단 한 번도 존재한 적 없는, 이 생에서 처음 시작된 우리 자신의 삶을 살아야 한다.

개인적으로 나는 그 힘을 '글쓰기'에서 발견했지만, 모두가 글을 써야만 자기의 길을 발견하는 건 아닐 것이다. 다만, 나는 여전히 그 힘은 '언어'에 있다고 확신한다. 그것은 자기자신에게 건네는 '말'일 수도 있고, 가장 가까운 사람들과 나누는 '대화'로 만들어질 수도 있다. 우리 내면에 그 어떤 힘이 있다면, 그 힘은 눈으로 볼 수도 없고 만질 수도 없지만 유일하게 우리는 그것을 '언어'로 정립할 수 있다.

그래서 나는 누구나 자기만의 관점을 가지고 삶을 살아가는 사람은 자기만의 언어를 가진다고 믿는다. 자기만의 삶을 사는 사람들은 자기 삶을 '이야기'할 수 있다. 우리는 결국 스스로의 롤 모델이 되어야 한다. 즉 스스로를 설명할 수 있어야 하고, 스스로의 언어를 지닐 수 있어야 한다. 우리는 자기 자신을 설득하며 자기의 길을 걸어나간다. 그 힘은 언어에 있다.

# 돈 말고 무엇을 갖고 있는가

이번에는 '나'의 관점으로 삶을 이끄는 데 큰 영향을 미치는 '돈'에 관해 이야기해보자. 인생에서 돈의 중요성을 부정할 사람은 없을 듯하다. 자본주의 사회에서 돈이란 매우 중요한 것이어서 그 중요성을 쉽게 간과할 수는 없다. 그러나 동시에 나는 삶에서 돈으로 살 수 없는 것들을 쌓아갈 필요도 있다고 생각한다. 살아가다보면 자연스레 돈이 최우선이 되고 돈의 중요성에 사로잡히곤 하지만, 그럴 때일수록 내가 돈 말고 무엇을 갖고 있는지 고민할 필요가 있다. 여러 이유가 있을 수 있겠지만, 무엇보다 돈에만 치중한 삶은 너무 취약하기 때문이다.

돈을 버는 데만 온 힘을 기울이고 인생의 대부분을 쓰고 있는 와중에, 누군가가 코인 투자로 수익을 벌었다는 이야기를 들었다고 해보자. 아마 당장 자신이 돈을 벌기 위해 쓴 그 수많은 노력이 한순간 부정당하는 느낌을 지우기 힘들 것이다. 무엇보다 어느 세월이 오직 돈을 위한 시간들로만 채워져 있다면, 그 시절 전체가 허무하게 느껴질 수도 있다. 누군가는 저렇게 쉽게 얻는 돈을 얻기 위해 나는 하나뿐인 인생을 다 바쳤다는 느낌, 그 느낌이 가져다줄 절망과 허무함을 견디기 쉽지 않을 것이다.

나아가 당장에 버는 얼마의 돈이 나중에는 하찮게 느껴질 가능성도 있다. 가령 20대에 최저 시급을 받으면서 열심히 1,000만 원을 모았다고 해보자. 그런데 이후에는 시간당 더 많은 돈을 벌게 되면, 조금 더 젊은 시절에 돈은 적당히 벌고 다양한 경험들을 해볼 걸, 하고 후회할 수도 있다. 흔히 이런 논리는 눈앞의 돈에 급급하기보다는 '시간당 더 큰돈'을 벌 수 있는 자격증을 따거나 능력을 기르는 데 청춘을 써야 한다는 결론으로 이어지기도 한다. 사람마다 상황이나 입장이 다르긴 하겠지만, 완전히 틀린 얘기는 아닌 셈이다.

결론은 아무리 돈이 최고인 시대라 하더라도, 돈만 좇는 게 항상 능사는 아니고 정답은 아닐 수 있다는 것이다. 가령, 내가 돈을 벌면서도 거기에만 목매지 않고 다른 것, 특히 돈으로 곧바로 살 수 없고 오로지 나의 고유한 시간을 써야만 얻을 수 있는 걸 지녔다고 생각해보자. 이를테면, 사랑하는 사람과 절절하게 보낸 시간은 돈으로 환산할 수 없고, 돈과 바꿀 수 없다. 많은 시간을 들여 쌓은 자기만의 기술, 취향, 능력 같은 것도 근본적으로 돈으로 맞바꿀 수 없다. 한 분야의 장인이 되기 위해서는 정직하고도 고유한 시간이 필요하다. 돈을 많이 들이면 무엇이든 더 효율적으로 얻을 수 있다곤 하지만, 기껏해야 스펙 위조나 가능한 영역도 적지 않다. 결국 우리는 인생 앞에 나의 시간으로 무엇을 만들 것인지 선택하게 되는데, 적어도 그중 일부는 돈으로 살 수 없고, 대체 불가능하며, 나의 시간으로만 고유해지는 무엇을 가질 필요가 있다.

즉 우리는 나의 시간을 써서 돈이 아닌 무엇을 쌓아왔는지, 또 쌓을 것인지를 고민해야 한다. 그 무언가가 오히려 더 큰돈을 벌어줄 수도 있다. 그러나 돈에만 목을 매게 되면 말 그대로 돈 말고는 아무것도 남지 않는 삶이 되는 셈이고, 돈마저 없어지면 삶을 증명할 수 있는 게 아무것도 없게 된다. 그러나 내가 시간으로 쌓은 어떤 기술이나 취향, 능력, 태도, 지식 등은 돈이 없어져도 남는다. 그것들은 내가 길바닥에서 다시 시작할 수 있는 힘이 되며, 삶의 근본이자 자존감의 바탕이 된다. 그래서 돈이 아닌 다른 것도 쌓아온 사람은 이렇게 말할 수 있다. '나에게는 그들의 삶과 결코 바꾸고 싶지 않은 그 무언가가 있다. 내가 온 마음을 다하여 얻은 진실의 시간들이 있고, 그것은 그 무엇 앞에서도 강하고 공고하다. 나는 내 마음이 담긴 시간들로 강해진다.'

# 정확한 경험으로 얻는 자신감

나의 시간을 단순히 돈이 아닌 경험에, 시간에, 혹은 다른 능력을 기르는 데 쓴다는 것에 대해 더 이야기해보자. 경험은 확실히 우리의 자산이 된다. 그것은 우리 자신감의 근본이 된다. 사라지면 그만인 돈에 의존하기보다는, 결코 사라질 수 없는 자신의 경험에 기반해 '성장'하는 것이야말로 우리 삶의 진짜 힘이 된다.

나는 수습 시절을 포함한 첫 변호사 생활을 법무부에서 했다. 다시 공직으로 돌아갈 것 같지는 않았기 때문에, 당시에 정책 결정 등에 관여해보고 입법 과정 등을 경험해본 건 무척 잘한 일이라 생각한다. 공직을 경험해본 덕분에, 중앙행정 부처와 소통할 일이 있을 때도 그 프로세스를 어느 정도 알기에 자신감 있게 대할 수 있다. 민원 처리나 정책 결정, 입법 과정에서의 여러 실무적인 문제들을 알기 때문에 각종 '대관(국가를 대하는)' 업무에 자신감이 있는 것이다.

다만 그 당시에는 계속 공직 생활을 하는 것에 모종의 불안감이 있었다. 그것은 내가 변호사로서 온전한 문제 해결 능력을 가지지 못하는 것만 같은 느낌이었다. 소송 일을 한 번도 해보지 않은 상태에서는, 법리는 알아도 실무적인 절차를 모르니 주위 사람들한테 법적 조언을 해줄 때도 자신이 없었다. 가령, 대여금 반환을 받으려면 어떤 요건 사실로 소장을 써야 하는지는 알지만, 정작 그 소장을 가지고 법원에 제출하여 최종적인 집행까지 어떻게 이루어지는지는 한 번도 경험해본 적이 없었다. 명예훼손을 당하면 어떤 구성 요건으로 고소장을 써야 할지는 알아도, 직접 고소를 진행해본 적은 없었던 것이다.

나는 그런 종류의 불안이 스스로가 반드시 극복해야만 하는 것이라 생각했다. 변호사가 된 이상, 타인을 위해 소송을 하고 고소를 하거나 변호를 하는 게 '무엇인지'는 경험적으로 알아야 한다고 느꼈다. 그래서 사실 많은 변호사들이 가고 싶어 하는 한 금융권 회사의 사내변호사까지 합격해놓고도 로펌으로 가길 선택했다. 내가 원하는 건 스스로의 경험과 능력을 통해 얻는 '자신감'이었기 때문이다. 길바닥에 나앉아도 처음부터 끝까지 나의 힘으로 해낼 수 있는 '능력'을 원했다. 누군가 고소나 소송을 당했다며 도와달라고 하면, 처음부터 끝까지 척척 나서서 해줄 수 있는 '앎'을 가진 사람이 되길 원했다.

그렇게 로펌에서 송무를 하는 변호사가 되었다. 그때부터는 누가 법적인 조언을 구해도 처음부터 끝까지 프로세스가 머릿속에서 그려지며 해결책을 이야기하고, 또 실질적인 도움도 줄 수 있는 정도는 되었다는 걸 느꼈다. 물론 배움에는 끝이 없겠지만, 독립하여 개업까지 한 지금으로서는 내가 점점 '독립적인 힘'을 길러간다는 것만큼은 확실히 느낀다. 이제는 길바닥에 나앉아도 나의 일을 할 수 있는 정도는 되었다. 타인의 문제 해결 프로세스를 전문지식으로 갖고 있는 한 1인분 직업인의 역할을 하게 된 셈이다.

실제로 변호사들은 어떤 일이든 '한 번만' 경험해보면 된다고 말하곤 한다. 민사든 형사든 행정이든 한 번만 경험해보면 그 프로세스를 이해하게 되고, 어디에 가서든 무슨 소송 관련 일이든 할 수 있다는 것이다. 법정이든 경찰서든 한 번 가보고 나면 다음부터는 제집 드나들듯이 하게 된다. 그러나 '한 번' 경험을 해보지 못하면 막연히 두렵고 왠지 못할 것만 같다.

이와 비슷하게 기억나는 일은, 과거에 처음으로 8주짜리 글쓰기 수업을 마치면서 '해냈다'라는 느낌을 받았을 때다. 내가 책 몇 권은 쓰긴 했지만 과연 남들을 가르칠 정도가 될지 고민하던 때가 있었다. 그럴 때 역시 해야 하는 건 그 일에 뛰어드는 것이었다. 일단 뛰어들어 최선을 다해 그 경험을 해내고 나면, 그것만큼 인생에서 잘했다고 느끼는 일이 별로 없다. 내가 가르친 사람들의 글쓰기가 매우 좋아진 걸 두 눈으로 보고, 또 실제로 작가로 데뷔하여 책을 내는 것도 보면서, 나는 이것을 내가 할 수 있는 일이라고 확실히 알게 되었다. 모든 일에는 시작이 있고, 시작에는 두려움이 있지만, 그 시작을 경험하고 나면 그것은 비로소 '나의 일'이 된다.

세상에는 다양한 종류의 두려움이 있다. 그런데 아직 내가 경험하지 못해서 막연한 불안이 만들어내는 두려움은 '극복 대상'이다. 나는 계속 이런 종류의 두려움들을 극복하는 쪽으로 삶을 살아가기로 다짐하곤 한다. 아직 내게는 넘어야 할 두려움들이 더 있다. 그 두려움들은 경험을 통해 내 것으로 만들어야 할 아직 오지 않은 앎이고, 능력이고, 힘이다. 나는 그것들을 넘으며 나 자신이 되어야 한다. 내가 나 자신을 더 믿을 수 있는 그런 존재가 되어야 한다. 나는 허영이 아닌 정확한 경험에서 오는 자신감을 가진 사람으로 계속 더 되어갈 것이다.

# 타인의 욕망의
# 먹이가 되지 않으려면

살아가다보면, 하고자 했던 크고 작은 일들이 실패하고, 사람들이 뒤통수를 치거나 배신을 하며, 개인적인 신변에도 어려움이 누적된다고 느끼는 때가 있다. 때때로 세상 전체가 나를 막아서고, 삶에서 일어나는 모든 일들이 장애물처럼 보일 때가 있다. 그럴 때, 그 모든 것들을 짓밟고 올라서서 기어코 가고자 했던 길로 나아가는 마음의 굳건함이란, 참으로 아름답고 존경스럽기도 하다.

〈귀멸의 칼날〉이라는 큰 인기를 끈 만화가 있다. 이 만화에는 인간을 잡아먹는 괴물인 혈귀가 나온다. 이를 베는 것은 타협할 수 없는, 온몸이 만신창이가 되어도 인류를 위해 반드시 해야 하는 사냥꾼의 절대적인 임무다. 아무리 칼로 베고 또 베어도 팔을 재생시키고 변신하며 죽지 않는 혈귀를 기어코 베고 또 베면서, 온몸이 불타고 피투성이가 되어도 결국 혈귀를 죽이고야 마는 혈귀 사냥꾼의 마음이 삶에서도 때로는 꼭 필요하다.

내가 주변에서 존경하는 사람들을 보면, 힘든 순간 없이 평생 고속도로를 달렸다고 말하는 사람이 아무도 없다. 때로는 어떻게 저 모든 것을 견딜까 싶을 정도로, 삶의 온갖 것들이 산산이 무너지는 중에도 기어코 갈 길을 간다. 내가 아는 한 작가는 지난 몇 년째를 통째로 바쳤던 중요한 작업들이 상당수 좌초되었는데도, 아랑곳하지 않고 호쾌하게 자기 길을 걸어간다. 그런 사람들을 보면, 그 마음을 닮고 싶다는 생각이 들지 않을 수 없다.

삶에서 힘든 일들은 일어나지 않을수록 좋은 것 같지만, 그런 바람은 자기만의 길을 걸어간다는 의미와 모순되는 바람이라 볼 수 있다. 우리가 여행지에 내려 가이드의 안내를 따라 패키지 일정만 따라가면 그다지 힘들 게 없다. 그러나 교통편이든, 숙박이든, 보고 싶은 것이든 스스로의 스타일에 따라 나아가려고 하면, 반드시 걸리적거리는 것이나 다양한 시행착오가 생기기 마련이다. 그런 것들이 없길 바라는 '자기만의 여행'이란 그 자체로 모순인 것이다.

세상에는 수많은 욕망이 있고, 그런 타인들의 욕망은 나의

149

욕망과 계속 충돌하기 마련이다. 그럴 때, 스스로 중심을 잡고 자기만의 관점을 가지고 나아가지 못하면, 타인들의 욕망의 먹이가 된다. 나아가 삶에서는 내가 원치 않거나 예기치 못했던 사고들도 끊임없이 생겨난다. 왜냐하면 이 세계란 나 혼자만이 주인공인 가상의 세계가 아니기 때문이다. 그 과정에서 무수히 부정적인 감정들도 탄생한다. 그런데 내 마음이 현실과 충돌하며 부정당한다는 이유로 지나치게 좌절해버리면 이 세상에서 살아나갈 방법이 없다.

내가 30대가 되고, 아이 아빠가 되고, 10년 차 작가이자 변호사로 살아가게 되면서 가장 필요하다고 느낀 것도 바로 이런 마음이다. 상대방 변호사나 검사가 뭐라 하든, 나는 나의 의뢰인을 위하여 갈 길을 가야 한다. 어떤 유혹이나 배신이 있든, 나는 내 길을 가야 한다. 삶에 어떤 문제가 일어나 나를 두렵거나 불안하게 만들든, 나는 내 길을 가야 한다. 누군가가 무슨 터무니없는 이유로 나를 욕하고 뒤에서 훼방을 놓든, 나는 내 글을 쓰며 내 길을 가야 한다.

팔 하나와 눈 하나를 잃어도 혈귀의 목은 베어야 한다. 그렇게 내 삶을 살고, 내가 사랑하는 사람들을 지키고, 내가 의미 있다고 믿는 삶을 실현해야 한다. 그것이 곧 '나'의 관점으로 삶을 이끄는 길이다.

# 그런 성공은 없다

몇몇 자기계발서의 가장 큰 문제점은 성공을 너무 협소하게 정의한다는 점이다. 이를테면 어떤 자기계발서는 인생의 성공을 위해서는 남들보다 무조건 열 배나 백 배 더 열심히 일해야 한다고 말한다. 거의 비슷한 맥락에서, 평일에도 저녁이나 밤에 계속 일하고, 주말에도 일하는 자기를 따르면 성공한다는 식의 자기계발서들이 참으로 많다.

그런 이야기를 볼 때마다 느끼는 것이지만, 대체로 그런 '성공'에 일단 '가정의 돌봄'은 전혀 포함되지 않는다. 가령 주말은 더 큰 성공을 위해 써야 할 시간이지 가족과 나들이를 가거나, 취미를 배우거나, 집 안을 가꾸는 등 삶의 내부적인 평화에 신경 써야 한다고 말하는 자기계발서는 별로 없다. 그렇기에 이 책들은 적어도 미혼자를 대상으로 하거나, 전업주부로서 희생하는 배우자를 전제해두고 있다.

자신은 밤낮없이 학문에 몰두하고, 사업의 성공에 온 신경을 곤두세우고, 예술 창작을 위해서는 몸이 상하는 것도 마다하지 않았다며, 열 배 백 배 더 노력하라는 식의 자기계발서들은 하나같이 그렇게 무언가를 빼먹고 있다. 그런데 때로는 그 '무언가'야말로 삶에서 가장 값지거나 소중한 것일 수도 있다. 이웃, 가족, 어린아이 시절의 즐거운 놀이, 현재를 사랑하고, 과거와 현재를 매만지는 여러 방식들 같은 것 말이다.

달리 말하면, 여러 자기계발서들이 성공을 너무 협소하게 정의하는 나머지, 거의 필연적으로 '삶의 불균형'을 유도한다. 이런 불균형은 나중에 최후의 어떤 성공을 이루면 다 치유될 수 있다고 설명하기도 한다. 업계 1위가 되어 1,000억쯤 번다든지, 매달 1억 정도가 자동 입금된다든지 하면 그런 불균형쯤이야 다 해소되는 시점이 오리라고 속삭이는 것이다. 마치 지상천국이 멀지 않았다고 속삭이는 종교의 구조와 흡사한 데가 있다. 차이점은, 이들은 물질적 성공을 신봉한다는 점이다.

그래서 나는 자기계발서가 필요하다면, 그것은 '삶의 총체성'을 회복하는 일과 관련된 자기계발서야 한다고 생각한다. 우리를 모든 걸 파괴하며 질주하는 도파민 전차로 만드는 게 아니라, 우리 삶에서 진정으로 가치 있는 것이 무엇인지를 끊임없이 묻고, 멈춰 세우고, 돌보게 하는 자기계발서가 필요한 것이다. 때로 그것은 돈일 수도 있고, 이웃일 수도 있고, 내면의 꿈이나 사랑하는 사람일 수도 있다. 무엇이든 그 균형을 끊임없이 묻게 하는 이야기들이 필요하다.

하나 확신하는 건, 세상에 만병통치약이나 지상천국은 없다는 것이다. 삶에는 여러 성취나 성공이 필요하고, 그런 것들이 중요한 것도 사실이다. 그러나 삶에서 단 하나의 성공만이 너무도 중요해서, 그 하나의 성공만으로 모든 게 해결되는 그러한 성공은 없다. 사랑도 만병통치약이 아니고, 돈도 지상천국을 열어주지 않으며, 인기가 모든 걸 해결해주지도 않는다. 오히려 세상에는 그런 것 하나를 얻기 위해 지나치게 집착한 나머지 망가지거나 붕괴된 삶이 산더미처럼 쌓여 있다.

중요한 건 우리 마음을 끊임없이 다독이면서도, 중요한 것을 잊지 않게 하고, 삶에 대한 생생한 의지를 이끌어갈 수 있는 그런 '자기계발'이다. 1등을 하기 위해 소시오패스가 되거나 다른 사람들의 권리를 짓밟고, 자기에게 가장 소중한 것이 무엇인지도 잊어가는 자기계발이라면 안 하는 것이 낫다. 달리 말하면, 우리에게 정말 필요한 건 '삶을 사랑하는 기술'이고, 바로 그런 기술로 삶의 균형과 이로움에 기여하는 자기계발이다.

# 3부

## '나'라는
## 세계를
## 만드는 법

# 1. 자기 안의 감정과
# 싸워 이기기

# 나는 내 감정을
## 정확히 알려고 애쓴다

우리가 자기만의 관점을 가지고 삶을 살아가고자 한다면, 스스로 힘을 자기 안에서 찾아야 한다고 이야기했다. 그런데 '내 안'에는 과연 좋은 것만 있을까? 내가 확실히 믿을 수 있는 나의 사랑, 혹은 나를 위한 언어만이 내 안에 기다리고 있을까? 그렇지 않을 것이다. 무엇보다도 우리 안에는 온갖 감정들이 있다. 이 감정들은 우리를 천국으로 인도하기도 하지만, 천국으로 가는 길의 가장 심각한 장애물이 되기도 하고, 나아가 지옥에 빠뜨리기도 한다.

그래서 나는 내 감정을 정확히 알려고 애쓴다. 감정만 정확히 알아도 문제 대부분이 어느 정도 해소되기 때문이다. 사실 인생의 문제라는 것들은 늘 감정의 문제이기도 하다. 같은 일이 일어나도 누군가는 불안해하고 분노하고 모욕감을 느끼거나 괴로워하지만, 누군가는 아무렇지도 않을 수 있다. 전자의 사람에게는 인생에 문제가 '있는' 것이고, 후자의 사람에게는 '없는' 것이다. 그러니 감정을 알아야 한다.

가령 직장에서 상사한테 혼나는 경우가 있다고 해보자. 누군가는 분노를 느끼고, 누군가는 위축되고, 누군가는 불안해한다. 그러면 그 감정들을 하나씩 분석해볼 필요가 있다. 분노를 느끼는 것은 상대가 부당하기 때문일 것이다. 나아가 내가 정당하다는 확신도 있을 수 있다. 그렇다면 크게 문제될 건 없다. 나는 정당하므로 부당한 상대방보다 더 나은 사람이다. 상대방이 이상한 인간일 뿐이다. 아마 직장 밖 동네에서는 기껏해야 술 먹고 행패 부리는 아저씨에 불과할 것이다. 그러니 너무 마음 상할 필요 없다.

만약 위축된다면, 나 자신이 부족하다는 걸 의미할 것이다. 그렇다면 이러한 혼남은 곧 성장의 기회다. 혼남이 없었다면 결코 마주하지 못하고, 인식하지 못하고, 그래서 성장도 하지 못했을 테지만, 상사 덕분에 인식할 수 있게 되었다. 그래서 이런 기회를 고마워할 수도 있다. 어떤 감정을 느낀다는 건 그에 상응하는 어떤 사실, 사건, 현실이 있음을 의미한다. 그래서 내가 느끼는 감정을 정확히 알고, 그 감정이 왜 발생했는지를 추적하면 인생에서 매우 중요한 힌트를 얻을 수 있다.

불안해한다면, 내가 무언가를 겁내고 있다는 뜻이다. 가령 회사에서의 소외, 해고, 배제, 승진 누락 같은 것들을 두려워하고 있는 것이다. 그럴 땐 그런 두려움이 진짜 현실의 두려움인지 고민해볼 필요가 있다. 즉 정말 도래할 현실인지, 임박한 현실인지, 피할 수 없는 현실인지, 교정할 수 없는 현실인지, 나아가 정말 마주해서는 안 되는 현실인지 용기를 갖고 성찰해야 한다. 대개는 내가 상황을 과장하고 있을 가능성이 높다. 상대의 마음속을 지나치게 부정적으로 상상하고, 그 상상을 막을 수 없을 때 불안이 똬리를 튼다.

이처럼 감정은 항상 그에 대한 이야기가 있기 마련이다. 심리학 연구에 따르면, 많은 사람이 자기가 느끼는 감정이 무엇인지조차 잘 모른다고 한다. 지금 기분이 어때? 오늘 기분이 어땠어? 라는 질문에 쉽사리 정확한 감정을 표현하기보다는, 그냥 오늘은 어떤 일이 있었다는 식의 서술로 그치는 경우가 많다는 것이다. 오늘의 감정, 어제의 감정, 지난 주말의 감정에 관해 정확히 알고 이야기하는 사람이 드물다. 감정을 모르면 자기 안의 두려움도, 자기가 옳은지 그른지도, 자기가 성장할 기회인지도, 아무것도 알 수 없다. 감정을 알아야 자기를 알 수 있다.

달리 말하면, 우리는 우리 안의 무언가를 찾고 믿어야 하지만, 동시에 우리 안의 그 무언가는 의심하고 걸러낼 줄도 알아야 한다. 어떻게 보면, 이것이야말로 우리가 자기의 마음을 따를 때 가장 어려운 부분이다. 스티브 잡스는 스탠퍼드 연설에서 '운'이 좋아서 자신이 사랑하는 일을 일찍 알았다고 이야기했다. 그러나 누구는 '운'이 좋지 않아서 자기 안에서 무엇을 사랑해야 할지 착각할 수도 있는 것이다.

감정을 걸러내는 것은 나의 힘을 찾고, 내가 무엇을 사랑해야 하며, 그래서 내 삶이 어디로 가야 할지 알게 해주는 첫 번째 단추와도 같다. 사실, 인간이 이성이나 생각 없이 살 수 없듯이, 감정 없이 살 수는 없다는 점에서 이 책에서 하는 많은 이야기는 나의 감정과 관계를 어떻게 맺을 것인가에 대한 이야기이기도 하다.

자신의 감정을 알아갈 때 중요한 것 하나는 감정을 솔직하게 이야기할 수 있는 사람의 존재다. 나 친구랑 싸워서 불안해(영원히 혼자가 될까봐), 나 일을 망쳐서 너무 위축돼(내 실력이 형편없는 것 같아서), 나 거래처 사람 때문에 너무 화가 나(그 사람이 너무 부당하게 대해서), 이렇게 말할 수 있을 때, 우리는 비로소 감정을 이해하고 나를 알 수 있다.

그래서 감정에 관해 대화할 수 있는 사람이 곁에 있다는 게 인생에서 결정적일 정도로 중요하기도 하다. 감정은 인생의 길을 알려주는 표지이고, 감정을 이야기할 수 있는 사람은 그 표지를 새겨 넣을 수 있는 표지판이기 때문이다. 따라서 적어도 우리가 감정을 솔직하게 표현할 사람이 곁에 없다면, 심리상담사라도 찾아가서 감정을 올바로 이야기하고 마주하는 과정을 경험할 필요가 있다. 감정은 우리 삶에 중요한 이야기들을 품고 있기 때문이다.

# 감정 기복과 싸워 이기는 법

개인적으로 나는 감정 기복이 제법 있는 편이지만, 그것과 싸우는 법을 알고 있다. 감정을 달래기 위해 가장 좋은 건 할 일을 하는 것이다. 불안하고 불길하거나 슬픈 마음이 엄습하더라도, 그럴수록 해야 할 일을 찾아서 해나가다보면 또 다른 감정이 찾아온다. 그러면 삶에는 대략 두 가지 흐름이 있음을 알게 된다.

하나는 요동치는 바다와 같은 흐름이고, 다른 하나는 그것과 무관하게 직선으로 나아가는 힘이다. 요동치는 흐름을 막을 방법은 없다. 적어도 나는 그 흐름을 '완전히 막는' 방법은 모른다. 슬픔이 오면 슬픔을, 불안이 오면 불안을, 압박감이 오면 압박감을 느껴야 한다. 그러나 감정은 감정대로 놓아두고, 나는 삶의 다른 힘에 갈아타려는 의지를 찾는다.

그 잠깐의 의지를 발휘하여, 그 직선상의 흐름에 올라타면, 감정이 어떻든 나아갈 수 있다. 가령, 대개 그렇듯 내게도 꽤 주기적으로 견디기 힘든 우울감 같은 것이 찾아온다. 그럴 때, 나의 일을 하고 글을 쓰다보면 그것들이 어느덧 등 뒤로 물러나고 나는 나의 일이라는 열차에 탑승하여 나아감을 선명히 느끼게 된다. 순간 정신이 맑아지고 투명해지면서 무언가 '걷혀나간다'는 느낌이 확실히 든다.

특히 나는 그 이상한 바다에 빠져 있을 때, 마치 나를 바다 위로 끌어올리는 부표처럼 글쓰기를 활용한다. 내게 글쓰기는 매우 다양한 쓰임이 있는데, 순간적으로 정신을 투명하게 하고, 나를 수면 밖으로 떠올리는 역할이야말로 내가 아주 명료하게 경험하는 글쓰기의 효용이다. 이를테면 수험 생활 시절, 도무지 공부에 몰입이 되지 않거나 감정을 떨쳐내기 힘들 때, 글 한 편 뚝딱 쓰고 나면 매우 맑은 정신으로 공부에 몰입할 수 있었다.

사람들은 내가 감정 기복이 별로 없는 일관된 사람이라 생각하는 듯도 하지만, 사실 그건 내가 그 '직선의 힘' 속에 있을 때 주로 사람들을 만나기 때문이다. 내게 글쓰기는 나를 그런 힘 속에 집어넣는 일이기 때문에, 나의 글은 거의 그런 경향을 띠기도 한다(반대로, 어떤 작가는 요동치는 바다 그 자체가 된 듯한 글을 쓰기도 한다). 혹은 당연하게도, 사회 속에서 나는 나의 바다를 가능한 한 내 갑옷 안에 가둬둔 채로 사람들을 대하기 때문일 것이다.

나의 삶이란 결국 내 안의 감정과 싸우는 일로도 볼 수 있다. 내 안의 산만함, 내 안의 과대망상, 내 안의 감정 기복 같은 것들과 싸우는 일을 매일 하는 것으로 어느덧 내 삶의 지도랄게 그려져 있는 것이다. 내 안의 산만함을 이기고 싶어서 글을 쓰고, 내 안의 과대망상을 잠재우고 싶어서 글을 쓰고, 내 안의 감정 기복을 다스리기 위해 글을 쓰다보니, 매일 글들이 쌓였고, 책들이 되었고, 내 삶이 되기도 한 셈이다.

# '잊어버리기'가 아니라
# '몰입하기'

삶에는 계속 필요 이상으로 신경 쓰고 걱정하며 괴로워하는 일들이 생겨난다. 여기에서 핵심은 '필요 이상'이다. 계속하여 걱정하고 괴로워한다고 해서 더 좋은 문제 해결책이 생기는 것도 아닌 경우다. 그냥 신경 쓰는 것일 뿐이다. 자의로 그런다기보다는 어쩔 수 없이 그렇게 되는 것이다. 그럴 땐 그러한 일종의 노예 상태에서 벗어날 수 있는 결단이 요구된다.

앞서 말했듯 때로는 글쓰기가 도움이 된다. 내가 신경 쓰고 있는 문제에 대해 글로 써서 새기게 되면, 마치 내 안의 걱정이 검은 잉크를 통해 빠져나가 글자로 새겨진 느낌이 들 때가 있다. 그렇게 현재의 문제를 막상 적어보면, 그 문제가 '그렇게까지' '필요 이상으로' 신경 쓸 문제는 아님을 알게 되기도 한다. 그래서 나는 마음이 불편하고 고뇌에 휩싸일 때마다 글을 쓴다. 심리상담사 앞에서 문제를 털어놓듯이, 백지에 털어놓고 나면 해결되는 문제가 절반 이상은 된다.

그러나 글쓰기조차 큰 도움이 되지 않을 때 나는 책을 읽는다. 그리고 책의 흐름을 따라 책의 세계 속으로 들어선다. 그러면 책은 내게 성벽이 되어준다. '신경 쓰이는 문제'에 대해 차단벽을 내려준다. 그렇게 매번 책을 읽으면서 골칫거리들을 잊을 때면, 그런 문제들로부터 이겼다는 약간의 승리감도 든다. 너는 더 이상 나를 괴롭힐 수 없어, 왜냐하면 내게는 너에게 차단벽을 내려주는 우군이 있거든, 이제 그만 꺼져버려, 하고 말하는 기분이 드는 것이다. 다른 무엇보다도 책에서 그런 힘을 가장 강하게 느낀다.

그 이유 몇 가지를 생각해볼 수 있다. 하나는, 책을 읽는 게 마땅히 해야 할 일을 한다는 느낌을 준다는 것이다. 독서는 내게 유익하고 좋은 일이고, 나를 성장시키는 일이라는 믿음이 있다. 그 믿음 속에서 나는 평안하고 단단하다. 단순히 현실에서 도피하면서 시간을 버리며 문제를 '잊는' 게 아니라, 더 중요한 것에 '몰입'하면서 나를 이끄는 힘 속으로 나아가는 것이다. 이를테면, 악기 연주 같은 취미에 몰두하는 것도 비슷한 느낌을 준다.

다른 하나는, 책 읽기는 문자를 읽는 일이고 생각의 흐름을 바꾸는 일이기 때문이다. 내 머릿속이 계속 나를 괴롭히는 어떤 문제를 따라가는 그 흐름을 책은 다른 방향으로 바꾸어 준다. 가령 내가 시기 질투를 느낀다든지, 누군가가 나를 비난 한다는 느낌, 소외감, 박탈감을 느끼고 있다고 해보자. 그럴 때 그런 나의 현실 문제와 무관한 상상력이 가득한 글이라든지, 사랑에 대한 글이라든지, 메소포타미아 역사에 대한 글 같은 걸 읽으면, 처음에 뇌는 거부하다가 이내 그 새로운 문자와 논리의 흐름에 들어선다. 그렇게 새로운 흐름에 안착한다.

또 하나는 책이 그저 재밌기 때문이기도 할 것이다. 고통 에는 중독성이 있지만, 고통에의 중독은 즐거움에 대한 경험 으로 자주 이길 수 있다. 책 읽기는 끝이 있는 행위이고, 그 끝 에 다다르는 일은 어디까지나 스스로 의지와 의식을 가지고 읽어냄으로써만 가능하며, 그렇기에 '달리는' 일이고, 도달하 고 싶은 마음과 도달했을 때의 성취감을 느끼는 일이다. 책 읽 기의 즐거움이란 달리는 사람의 즐거움과 비슷한 데가 있다. 그저 가만히 앉아 수동적으로 '보기만' 하는 영상 시청과는 확 실히 다른 데가 있다.

책 읽기는 내게 생존 기술이기도 하다. 삶을 쓸데없는 걱 정에 덜 낭비하도록 도와주는, 그런 생존 기술이다. 그래서 나 는 무언가가 너무 신경 쓰여서 괴로울 때는 책을 읽는다. 그만한 것이 없다. 지하철에서든, 침대에서든, 식당이나 카페에서든 책을 읽는다. 그러면 대개 괜찮아진다. 살아가면서 그런 생존 기술 하나쯤은 가질 필요가 있다.

# 자발성이 박탈감을 이긴다

여러 감정들 중에서도 우리 시대에 가장 문제되는 감정은 '상대적 박탈감'이라 할 수 있다. 우리 시대는 가히 상대적 박탈감이라는 질병의 대유행 시대라고 해도 과언이 아니다. SNS만 켜면 온갖 화려한 삶들이 물밀 듯 쏟아진다. 이에 대해 보통은 SNS 디톡스를 통해 타인의 삶을 보는 시간을 줄여야 한다는 식으로 이야기한다. 그러나 철학자 에리히 프롬은《나는 왜 무기력을 되풀이하는가》(장혜경 역)라는 책을 통해 보다 넓은 관점에서 다소 독특한 접근을 보여준다.

> "피곤한 사람, 절망에 빠진 사람, 염세주의자는 자유에 도달할 수 없다. 피곤할수록, 절망에 젖어 있을수록, 염세적일수록 얻을 수 있는 자유는 줄어든다. '열정적인 사람'만이 자유로울 수 있다."

요즘 트렌드를 생각하면 아마도 이런 이야기를 하는 사람은 '꼰대'로 취급받거나 다소 이상한 사람처럼 받아들여질지도 모른다. 이런 이야기는 실제로 '하지 말고 놀아', '대충 살아', '게으르게 살자' 유의 최근 트렌드에 정면으로 반하는 측면이 있다. 에리히 프롬은 삶의 성실성이 아닌 나태함에서는 결코 삶을 '살릴' 수 있는 가능성을 찾을 수 없다고 믿었다. 이어지는 이야기는 요즘 기준으로 더 '꼰대'스럽다. 그는 인간이 '진정한 자발성'으로 자유로운 삶을 살아야 한다고 주장하면서, 다음과 같이 말한다.

"자발적 활동이란 고립이나 무기력에 떠밀려 어쩔 수 없이 하는 강제적 활동이 아니다. 외부에서 주어진 행동 모델을 무비판적으로 받아들이는 자동인형 같은 순응주의자의 활동도 아니다. 자발적 활동이란 (…) '자유의지로'라는 뜻이다."

그러면서 인간은 자발적 활동을 할 때만 진정으로 '이성'과 '본성'이 통합된 '전체 인격'으로 사는 것이라 말한다. 나아가 그 핵심에는 "창조로서의 노동"이 있다고도 한다.

에리히 프롬에 의하면, 기계적으로 반복하며 일하는 삶도 비자발적인 삶이다. 자발적인 삶은 자연에 대해 인간이 실제로 무언가를 '창조'하는 활동을 하는 것이며, 그래야만 진정으로 사는 것이라 한다. 덧붙이자면, 사람들이 어린아이를 바라보며 환희와 기쁨, 매력을 느끼는 건 어린아이들이 가진 자발성 때문이다. 세상 모든 아이는 시인이자 예술가다. 언어를 창조하고, 자유롭게 그림 그리며, 다양한 놀이를 자신의 힘과 자발성으로 즐긴다. 사람들은 바로 그런 자발성을 얻고 싶어서 어린아이에게 빠져든다.

나아가 프롬은 우리가 아무리 나태함을 찬양하고 자발성을 부정하더라도, 실제로 우리는 자발적인 경험을 사랑한다고 한다. "어떤 풍경이 아름답다고 자발적으로 느낄 때, 고민을 통해 깨달음을 얻었을 때, 틀에 박히지 않은 종류의 감각적 쾌락을 느꼈을 때, 타인에 대한 사랑이 갑자기 솟구쳐 오를 때" 우리는 자발성이란 무엇인지 예감한다. 삶 전체를 오로지 자발성으로 채울 수는 없겠지만, 적어도 우리는 그런 자발적인 경험의 기쁨을 알고 있고, 알게 모르게 추구한다는 것이다.

흥미로운 점은 그가 이토록 인간의 자발성을 강조하는 이유다. 그는 인간이 자발적으로 살아야 하는 가장 중요한 이유가 고립감, 고독의 공포, 박탈감을 이겨내기 위한 사실상 '유일한 방법'이기 때문이라고 말한다. 고립과 좌절로 생긴 회의감이라는 것도 자발적으로 사는 순간 사라지며, 스스로 자기 삶의 완성을 위해 사는 창조적인 삶을 실현할 수 있게 된다. 말하자면, 삶의 여러 부정적인 감정을 이겨내는 비결로 자발성을 언급하는 것이다.

어찌 보면 수많은 사람이 박탈감, 외로움, 절망감, 우울감, 고립감, 회의, 냉소 등에 가득 차 있는 시대가 지금의 우리 사회다. 거기에는 다양한 이유가 있고, 여러 해결 방안이 있을 것이다. 누구 말대로 '금융 치료'로, '입금'으로, '456억(드라마 〈오징어게임〉의 상금)'으로 다 해결할 수 있는 문제일지도 모른다. 그러나 세상 모든 문제에 하나의 이유, 하나의 방법만이 있을 리는 없다. 또한 보편적으로 사람들이 맹신하는 해결책이 반드시 유일한 만병통치약이라고 보장할 수도 없다.

그러면 하나뿐인 우리 삶을 놓고 약간의 배팅을 해볼 수 있다. 자발적인 삶이라는 걸 어떻게든 살아내보기 위한 길을 걸어보는 것이다. 마치 해결책은 '456억'에 있다고 믿고 생사를 건 게임을 하는 어느 게임의 참가자처럼 말이다. 나도 배팅한다면 그런 쪽으로 배팅해보고 싶다. 삶을 가능한 한 농도 짙은 자발성으로 채워보는 것, 그것이 좋은 삶일지도 모른다는 것, 거기에 배팅해보고 싶다.

# 억울함에 대처하는 법

　여러 감정들 가운데 '억울함'이라는 감정에 대해서도 한 번쯤 생각해볼 필요가 있다. 억울함은 인간이 지닐 수 있는 가장 강렬한 감정 중 하나다. 최선을 다했는데 알아주지 않은 결과, 정직하게 살았는데 죄를 덮어쓴 입장, 누구보다 노력했는데 남들보다 뒤처진 상황 같은 것이 주로 억울함을 구성한다. 억울함이 무서운 이유는 '진실'을 포함하고 있기 때문이다. 즉 억울할 수밖에 없는 진실이 실제로 존재하는 것이다. 인간은 바로 그 진실에 취약하고, 내가 처한 상황이 내가 믿는 진실과 다르다고 믿을 때, 억울해서 미쳐버릴 것 같은 기분이 된다.

　만약 그런 진실을 마주하고 계속하여 억울함을 느끼면서 결국 현실을 바꾸어버릴 방법이 있다면, 억울함은 나름대로 지속 가능한 힘이 된다. 이 억울함을 해소하기 위하여, 진실을 수호하기 위하여, 나는 상황과 싸우는 전사가 된다. 그러나 만약 상황을 쉽사리 바꿀 수 없다면, 그 진실을 함유한 너무나도 강렬한 감정인 '억울함'에 계속 빠져들기보다는 적당한 시점에서 발을 빼버리는 것이 낫다. 심지어 상황을 바꿀 수 있는 경우라 하더라도 억울함을 떨쳐내는 편이 오히려 더 정확한 길을 객관적으로 모색하는 방법이 되기도 한다.

요즘 내 주위에는 제때 집을 사지 못했다는 이유로 억울해서 미쳐버릴 것 같다는 사람들이 적지 않다. 몇 년만 더 일찍 태어나거나 취업했더라면, 그래서 '영끌'을 해서 집을 살 기회라도 있었더라면 이보다 억울하지 않았을 거라고 말한다. 특히 지방에 사는 사람들의 경우에는, 자신도 똑같이 일하고 열심히 살았는데 수도권에 올라가 아파트 샀던 친구는 몇 년 사이 10억대 자산가가 되고, 자신은 지방에서 살았다는 이유로 상대적인 빈자가 되었다며 억울해하기도 한다.

그 밖에도 자기 조건에 손해 보는 결혼을 했다든지, 이직을 잘못했다든지, 투자를 잘못했거나 집을 잘못 팔고, 직업을 잘못 고르고, 그 밖의 여러 타이밍을 놓쳤다는 등의 이유로 억울함을 호소하는 사람들도 많다. 그럴 때의 억울함은 대개 다른 사람과 어떤 부분에 대한 비교에 중점을 두고 있는데, 그런 감정은 빨리 떨쳐내는 게 낫다. 잘못된 선택을 하거나 잘못된 상황에 놓인 건 진실일지도 모른다. 그렇기에 억울할 수 있다. 그런데 거기에서 빠져나오지 못하면 많은 경우 삶이 소진되고 허비되어버린다.

대개 억울함을 호소하는 사람들의 이야기를 들어보면, 어느 하나에서 억울해 미칠 것 같지만 다른 어느 측면에서는 남들보다 나은 경우도 많다. 부부가 사이좋게 잘 지낸다든지, 아이가 건강하고 바르게 잘 크고 있다든지, 나름대로 좋은 직장을 갖고 있는 경우도 있다. 분명 자기 삶에 좋은 점이 있음에도, 다른 어느 점에 계속 골몰하여 불행해지는 건 아쉬운 일이다. 그보다는 자기가 가진 좋은 것들을 기억하고 또 기억하면서 삶을 보다 좋은 기분으로 채우는 것이 낫다.

나아가 과거의 어느 선택으로 인한 억울함이 있다면, 그런 억울함을 다 잊게 만들어버릴 만큼 미래를 향해 달려가는 게 좋기도 하다. 과거를 복원하지 못해 억울함에 시달리기보다는, 미래의 다른 땅, 다른 희망, 다른 삶의 여지를 향해 나아가는 것이다. 거기에는 어쩌면 더 좋은 게 있을지도 모른다. 세상의 어떤 문제란 맞서 싸우거나, 무시하거나, 지나치고 가버려야 한다. 모든 것과 싸우다가는 괴물이 되어버리고, 모든 것을 회피하다가는 도망자나 되어버릴 것이다.

사람은 적절히 싸우고 적절히 피할 줄 알아야 한다. 특히 억울함은 늘 마음의 '싸움'에서 탄생하는 감정이라는 점에서 계속 싸우기는 쉬워도 적절히 떨쳐내는 게 유달리 어렵다. 그런데 어떤 억울함은 반드시 떨쳐내야만 이다음의 삶 혹은 지금 여기의 삶이 열린다. 가장 나쁜 건 억울한 상황을 만든 그무언가이겠지만, 그다음으로 나쁜 건 억울함 때문에 스스로 삶을 잃어버리는 일일 것이다.

# 2. '괴로운 골짜기'를 지날 때의 대처법

# 10년 전을 생각하기

누구에게나 삶이 무척 괴롭거나 힘들고, 잘 안 풀리는 것 같아 답답할 때가 있다. 나도 견딜 수 없을 정도로 고뇌에 휩싸이거나 갑갑함에 바다에 달려가고 싶을 때도 있다. 살아가면서 '죽을 것 같은 힘겨움'을 전혀 경험하지 않는 사람은 거의 없을 것이다.

굳이 계산해본다면, 인생은 절반의 고통과 절반의 기쁨으로 채워져 있을 가능성이 높다. 그러나 어떤 고통이나 기쁨은 너무 무뎌졌을 따름이거나, 내가 깊이 인식하지 못하고 있을 수도 있다. 알고 보면 마음이 아픈 상태였지만 계속 회피하다가 나중에야 깨닫고 펑펑 우는 주인공이 나오는 소설이나 영화는 무척 흔하다(대표적으로 〈굿 윌 헌팅〉이 그렇다).

그래서 우리는 삶이 일종의 '괴로운 골짜기'를 지나고 있을 때 나름의 대처법을 알아야 한다. 일례로, 나는 삶이 잘 안 풀려나가는 것 같을 때, 10년 전을 생각해보곤 한다. 10년 전과 비교했을 때 지금은 얼마나 다른지, 그 사이 얼마나 많은 일들을 헤쳐왔는 가만히 생각해본다.

그렇게 지난 10년간을 생각해보면, 참으로 예상할 수 없었던 많은 변화와 일들을 경험했고 결국 건너왔음을 깨닫게 된다. 연인과의 이별, 친구와의 다툼, 취업에서의 낙방, 그 밖의 여러 어려움과 실패들이 있었지만, 결국에는 다 지나왔고, 나름대로 이루거나 해낸 일들도 있다. 그러면 역시 10년 동안 모든 게 '안 풀리는 채로' 머물러만 있지는 않았다는 사실을 이해하게 된다. 이후 10년 동안에도 안 풀리는 일들은 산더미처럼 있겠지만, 그래도 될 일은 되면서 삶을 만들어갈 것을 믿게 된다.

사람이란 동물이기도 해서, 눈앞에 있는 일이나 시간, 사건이나 관계가 '전부'인 것처럼 느껴질 때가 적지 않다. 그러나 조금만 물러나서 생각해보면, 대개의 일이란 한 달 뒤면 해결되거나 사라질 일들이다. 그것으로 부족하면 1년 뒤를 생각해보자. 그때는 지금과 상황이 완전히 다를 것이다. 더 넓게 보면 10년 뒤에는 어떻게든 꽤 괜찮은 날들을 쌓았을 것이고, 지금의 문제들은 대부분 기억조차 안 날 수도 있다. 어려운 일들이

나 장애물, 시행착오도 있었겠지만, 그래도 이겨냈을 것이다.

사람이 다른 동물과 다른 점은 그렇게 한 걸음 물러나서 시간을 길게 보고 삶을 받아들일 수 있다는 것이다. 이렇게 '한 걸음 물러나서 바라보기'의 핵심은 삶을 오늘로만 받아들이는 게 아니라 더 긴 시간 그 자체로 받아들이는 것이다. 삶을 계속 '긴 시간'으로 받아들이는 연습을 하면 오늘의 많은 문제도 괜찮아지곤 한다.

# 적극적으로 끝을 상상하기

그럼에도 인간인 한, 우리는 괴로움과 상처, 실패를 마냥 웃어넘길 수는 없다. 붓다가 삶을 '생즉고生卽苦', 즉 '삶은 고통이다'라고 말한 것은 모든 인생의 진리이기도 하다. 그렇기에 삶이 견디기 힘들 때일수록 삶을 자꾸 멀리서 볼 필요가 있다. 그러면 지금 나의 괴로움이 영속적이지 않음을 받아들일 여지가 생긴다. 내 삶에 있는 고통, 어려움, 괴로움 같은 것들이 대부분 일시적인 것이어서, 사라질 것이 예정되어 있음을 '상상' 속에서나마 받아들일 수 있다. 끝이 있다고 믿을 수 있다면 삶은 대개 견딜 만한 것이 된다.

그래서 삶을 견뎌내는 한 기술은 '적극적으로 끝을 상상하기'가 될 수 있다. 바로 그 '끝에 대한 상상'이 실제로 돌파구가 될 수도 있다. 끝이 있다고 상상하면 끝을 준비하게 된다. 수험 생활이나 직장 생활, 결혼 생활이 괴롭다면 언젠가 끝을 상상하며 그 이후를 준비할 수 있다. 그러면 수동적인 괴로움의 시간이 능동적인 준비의 시간이 될 수도 있다.

인간이 희망을 먹고 사는 존재라면, 그 희망은 대개 '끝'을 의미한다. 이곳에서 떠나는 것, 이 생활을 끝내는 것, 이 관계를 종결시키면서 동시에 다가오는 것이 희망이기 때문이다. 그렇기에 희망은 끝에 대한 상상이자, 단절을 준비하는 일이며, 실제로 종료에 대한 용기이다.

그런데 삶이 흥미로운 점은 그러한 끝과 단절, 종료가 전부가 아니라는 점이다. 즉 우리 삶은 더 거대한 차원에서는 계속 이어진다. 직장을 3년 다니고 그만두는 것은 그 직장과는 영원히 끝이지만, 내 삶은 나만의 서사로 이어진다. 나는 또 다른 직장으로 도약하거나 커리어를 확장시키면서 계속 나의 스토리를 써간다. 그러니까 끝에 대한 상상은 동시에 지속에 대한 상상이기도 하다. 삶이 책이라면, 한 장이나 부의 끝을 상상하면서, 동시에 책 전체의 계속을 상상하는 것이다.

과거에는 인생에서의 실패란 주로 각 단계 어느 하나에서 실패함을 의미했다. 그래서 이혼도 인생의 실패이고, 퇴사도 인생의 실패이며, 시험 낙방도 인생의 실패라는 관념이 팽배했다. 그러나 요즘에는 그 각각의 실패는 각 스테이지에서의 실패 또는 끝일 뿐, 인생 전체의 실패는 아니라는 관념이 점점 확고해지고 있다. 달리 말하면 지속하는 삶, 계속되는 서사, 이어지는 스토리에 대한 인식이 점점 퍼지고 있는 셈이다.

우리는 계속 끝내고, 계속 재기할 수 있다. 우리는 때론 폭풍우에 낙엽이 떨어지고 나뭇가지가 부러져도 계속 자라는 나무다. 그러니 겨울을 나기 위해 에너지를 절약하고자 적극적으로 잎을 떨어뜨리는 가을 무렵 나무들처럼, 우리도 때론 적극적으로 끝을 상상하자. 그러면 많은 일들이 견딜 만해진다. 그 이후에는 새로운 삶이, 끝 이후의 시작이 온다.

# 전체를 보지 말고
# 한 걸음씩 나아가기

삶이 문제에 봉착했다고 느낄 때, 꼭 기억해야 할 것 하나는 '한 걸음씩'이라는 관념이다. 이것은 요리나 이사 같은 문제에서부터 책 쓰기나 법적 해결에 이르기까지 거의 모든 영역을 아우르는 원칙이다. 우리가 어떤 문제 앞에서 그 문제를 '하나의 전체'로 느끼고, '어떻게 하지'라면서 막막해한다면 문제 해결에 결코 다가갈 수 없다. 문제를 해결하려면 한 걸음씩 시작해야 한다.

당장 볶음밥을 먹고 싶은데 '어떻게 하지'라는 생각으로는 볶음밥에 '도달'할 수 없다. 먼저 몸을 일으켜 부엌으로 가서 밥이 있는지 확인하고, 냉장고를 열어 이것저것 재료가 될 만한 것들을 꺼내본다. 찬장을 열어서 또 무엇이 있나 본다. 그리고 재료를 손질하고 프라이팬에 기름을 두르기 시작하면 볶음밥에 어느덧 다가가는 셈이다. 다른 일도 다르지 않다.

나는 이사를 하면서 이삿짐센터 인부들을 보면서도 그걸 느꼈다. 이 집의 이 많은 짐을 도대체 어떻게 다 옮길까? 방법은 간단하다. 방 하나부터, 거기 놓인 짐 하나부터 찬찬히 쓸어 담고 옮기고 하다보면 어느덧 집 전체가 비어버린다. 전체를 보느라 막막해할 시간에 하나씩 시작하면 어느덧 전체가 소거된다. 삶에서 해결할 수 없는 전체란, 즉 소멸시켜버릴 수 없는 전체란 많지 않다.

천재적인 통찰력과 명석함을 가지고 단번에 문제를 꿰뚫고 해결하는 비법이 있을 것 같지만, 사실 비법은 하나씩 시작하는 것이다. 내가 이것을 가장 놀랍게 느꼈던 건 로스쿨 때였다. 별다른 선행학습도 없이 로스쿨에 들어갔는데, 내가 익혀야 하고 외워야 하는 것이 얼마나 될지 파악도 되지 않았다. 과연 3년 동안 얼마나 많은 책을 봐야 하고, 얼마나 많은 것을 외워야 하나? 민법, 형법, 민사소송법, 형사소송법, 상법, 행정법, 행정소송법, 헌법, 거기에 부가되는 온갖 특별법들은 기본이고, 그것을 바탕으로 객관식, 서술형, 기록형 문제들을 다 해결해내야 하는데, 신입생으로서는 그야말로 불가능한 일로만 보인다.

그러나 그때도 배운 것은, 그냥 한 걸음씩 나아가면 된다는 것이었다. 조바심 갖지 말고, 학교 진도에 따라 조금씩 그 학기만큼의 공부를 해내면 되었다. 그러면 지식은 계속 쌓였고, 계속 복습하다보면 나중에는 응용할 수 있을 정도가 되었다. 생각해보면 초등학생 때부터 고등학생 때까지 배운 지식만 해도 엄청나게 많았다. 고등학생 때는 열세 과목을 배웠는데 결국 다 해냈으니 못할 것도 없었다. 그냥 하나씩 해나가면 되는 것이다.

인생의 문제라는 것도 대개 아주 커 보인다. 언제 아이 키우고, 집 사고, 은퇴 준비하고, 다 하며 다 얻고 살아갈까? 아마 5년 전의 내게, 5년 후 너는 매일 출퇴근하면서, 아이를 키우고, 각종 보험부터 자동차, 집, 사회적 일, 그 밖의 여러 관계들을 모두 감당하는 인생을 살게 될 거야, 라고 하면 나는 막막함에 포기해버렸을지 모른다. '그냥 안 살래' 하고 말이다. 그러나 하루씩 나아가다보면, 어느덧 다 감당하고 있는 것이다.

핵심은 해결할 수 있다는 믿음이다. 그리고 한 걸음씩 나아가는 것이다. 믿으면서 계속 나아가다보면, 해결할 수 있다. 이 애씀의 힘을 잊지 말아야 한다. 천 리 길도 한 걸음부터, 그렇게 차근차근 하나씩 해나가면, 결국 천 리 길을 간다.

# 나의 더 나은 측면에 집중하기

괴로운 골짜기를 건너는 과정에서 우리는 때로 자책하게 되기도 한다. 스스로가 한심하고, 스스로가 밉고, 스스로가 못나 보인다. 그런데 그처럼 우리가 스스로에 대해 가지는 고민이나 문제의 상당수는 나의 '한 측면'에 너무 집중하기 때문에 생기는 경우가 많다. 내가 남들보다 못한 한 가지 측면에 너무 몰입하다보면, 시기 질투와 열등감, 피해의식이 심해진다. 반면, 내가 남들보다 잘났다고 믿는 한 측면에 너무 몰두하다보면, 쉽게 오만해지고 타인들을 무시하는 나르시시즘적 인간이 되기 쉽다. 그러나 어느 쪽도 진실은 아닐 것이다.

우리는 모두 그 누구보다는 나은 면이 있기도 하고 모자란 면이 있기도 하다. 단 한 사람과 비교할 때도, 한쪽 면이 나으면 다른 한쪽 면은 부족하다. 하물며 세상의 수많은 사람들과 비교하자면, 세상의 거의 모든 사람이 나보다 어느 측면에서는 낮지만, 어느 측면에서는 못할 것이다. 그러나 우리 문화에서는 특정 기준으로 서열 짓는 일이 너무 흔해졌다. 그 특정 서열에 과도하게 몰입하면 나 자신에게, 내 인생에, 우리 사회 전반에 많은 문제가 나타나는 것처럼 보인다.

가령, 공부를 잘해서 전교에서 늘 1등만 하는 사람이 있다고 하자. 그 사람이 오로지 그 측면에만 집중한다면 세상 모든 사람이 자기 밑인 것처럼 하찮게 보일 것이다. 만약 그런 사람이 돈도 많이 벌고 권력이라도 얻으면, 이제 세상 모든 사람이 자기보다 '객관적으로' 못났다고 생각할 수 있다. 그러나 그건 당연히 '진실'이 아니다. 외모, 건강, 몸매, 운동신경, 감수성, 예술적 재능, 창조력, 대인관계, 공감 능력, 인성, 지혜, 지식 등 세상사 수많은 기준들을 가지고 본다면 그가 그 모든 것에서 우월한 사람일 가능성은 거의 없다.

반대로, 특정 부분에서 나는 내 주위의 누군가보다 부족한 점이 있을 수 있다. 재산이라든지 명성이라든지 인기라든지 하는 건 내가 나의 친구보다 못할 수 있다. 그러나 나는 그 대신 그보다 더 문학이나 음악에 대한 조예가 깊을 수도 있고, 더 깊은 영성을 지녔을 수도 있으며, 더 쉽게 행복할 수 있는 능력이나 더 건강한 몸을 지녔을 수도 있다. 무엇이 되었든 우리는 그 누군가보다 나은 점을 갖고 있다. 그럼에도 내가 부족한 부분에만 고도로 몰입하는 건 스스로를 더 불행하게 만드는 기제이다.

객관적으로 더 결정적인 서열이라는 것이 꼭 명확하게 존재한다고 보긴 어렵다. 우리는 각자의 가치관에 따라 더 몰두하거나 더 관심 갖고 더 가치를 부여하는 것들이 서로 다를 따름이다. 흔히 이런 걸 '정신 승리'라는 말로 폄하하곤 하지만, 사실 정신 승리야말로 인생사에서 가장 현명한 태도일 때도 있다. 정신 승리도 여러 종류가 있을 텐데, 단순히 나태한 자기 자신을 옹호하는 게 아니라, 인간은 누구에게나 불완전한 면이 있으며 누구든 장단점이 있다는 사실을 인정하는 차원에서의 정신 승리는 확실히 우리에게 도움이 되는 태도이다.

내가 남들보다 어떤 면에서 낫게 느껴진다고 해서 너무 자만할 필요도 없고, 반대로 어떤 면에서 부족하게 느껴진다고 해서 너무 자학할 필요도 없다. 그저 나는 나에게 주어진 인생을 살아갈 뿐이어서, 내 인생 안에서 애쓸 수 있는 건 애쓰고, 잘할 수 있는 건 잘하며 살아가면 되는 것이다. 그것이 소위 '자존감'의 근간이기도 한 셈이다.

개인적으로 나는 세상 모든 사람의 존경할 만하거나 대단한 면을 찾는 일에 관심이 있다. 성실하게 운동하여 건강한 체격을 가진 사람, 꾸준히 장사를 잘하여 오랫동안 사업체를 능숙하게 운영하는 사람, 많은 지식을 섭렵하여 도서관 같은 사람, 대인관계와 우정의 기술이 뛰어난 사람 등 사람마다 가진 어느 장점에 주목하면서, 늘 무언가를 배운다고 느낀다.

꿀벌이 꽃에서 꿀을 찾듯 자기에게서 좋은 점을 찾고, 또 타인에게서 좋은 점을 찾아 배워나가는 방식으로 살아가면 좋은 듯하다. 자신의 부족한 점 때문에 너무 자학하거나, 타인의 부족한 점을 헐뜯으며 위로 삼는 건 인생을 다소 낭비하는 일처럼 느껴진다. 인생에는 그보다 나은 방식이 있다. 나는 인생을 더 나은 방식으로 사는 데 관심이 있다. 우리가 나의 괜찮은 점에 집중하고, 또 타인들의 괜찮은 점으로부터 배우는 것은 그렇지 않은 인생보다 확실히 인생을 '더 나은 방식'으로 사는 방법일 것이다.

# 3. 자기만의 삶을 위한 균형 잡기

# 모순된 두 가지 관점 사이에서

인생에는 양대 산맥 같은 두 가지 태도가 있다. 하나는 최선을 다해 도전하며 자기를 실현하는 것이고, 다른 하나는 주어진 것에 만족하며 욕심을 버리는 것이다. 이 둘은 흔히 가장 모순된 두 가지 태도라고 말해지곤 한다. 가령 전자가 자기계발의 욕망이라면, 후자는 무소유나 해탈이다. 그러나 나는 이 둘을 인생에서 모두 가져야 한다고 생각한다.

사람은 모 아니면 도를 편하게 느끼도록 만들어진 면이 있다. 이것 아니면 저것, 이편 아니면 저편이라는 이분법 안에 있어야 편안하고, 양자를 끌어안거나 모순을 균형 있게 유지하는 건 불가능하다고 믿기도 한다. 심지어 집요하게 중간 지대에서 균형을 찾으려는 경우를 '회색분자'라고 비난하기도 한다. 그러나 나는 삶이란 원래 경계에 있어야만 하는 것이고,

그렇게 되려고 애쓰는 일이야말로 가장 중요한 태도라고 믿는다.

삶에서 자기만의 추구를 가지고 전념하며 무언가를 이루고자 애쓰는 사람들은 언제나 멋져 보인다. 가령 해적왕이 되고 싶어하는 만화 주인공이라든지, 최고의 작품을 만들고자 하는 예술가라든지, 가장 아름다운 몸짓을 구현하고자 하는 피겨스케이팅 선수는 무척 멋져 보인다. 그들은 자기계발의 화신들이다. 어릴 적부터 자기의 길이 무엇인지 알고 밤낮으로 몸을 갈아 넣으며 인생을 하나의 작품으로 만들어가는 사람들이다. 그런 멋짐을 모른다는 것은 인생의 절반쯤을 버리는 일이다.

그러나 동시에, 우리가 어떤 단 하나의 목표에만 지나치게 목을 매고, 만족을 모르고, 끝없는 욕심에만 빠져든다면 그것은 스스로 삶의 나머지 절반을 걷어차는 일이다. 인간은 무언가에 고도로 몰입하고 전념할 때 삶을 생생하게 살아내고 있다는 확신감을 느끼지만, 동시에 그런 마음을 내려놓고 이 순간을 그저 받아들일 때, 삶에서 둘도 없는 행복감을 느끼기도 한다. 사랑하는 순간에, 욕심 없이 이 순간을 받아들이는 순간에, 그저 놀이하듯 유영하는 순간에도 우리는 가장 살아 있다.

밤새도록 최고의 작품을 써내기 위해 몰두하며, 주변의 모든 사람을 지워버리고, 자기만의 창조성에 전념하는 것의 아름다움이 있다. 그러나 반드시 '전념' 이후에는 그 상태를 박살 내는 '사랑'이 와야 한다고 나는 믿고 있다. 나에게 의지하고 의존하는 존재, 내 마음을 부드럽게 풀어헤치는 나의 시간, 나를 다정하게 하고, 내가 속해 있는 시간의 결을 초 단위로 느끼게 하는 어떤 정겨움, 그 친밀감, 그 상호작용, 당신과 내가 살아 숨 쉬며 서로의 표정과 숨결을 이해하는 조율의 시간, 그런 것들 속에서 '만족'을 알아야 한다. 삶이란 이 순간에 누리게 되는 것이고, 어느 때는 그것이야말로 삶의 전부다.

나는 내 삶을 가능하면 반으로 쪼개어서, 반쯤은 내가 해낼 수 있는 일들을 실험하며 일종의 장인 같은 삶을 살아보고 싶다. 그리고 나머지 반은 그냥 사랑하는 데 쓰고, 삶을 느끼고 누리고 놀이하는 데 쓰고 싶다. 365일 중 170일쯤은 '그냥 만족'했으면 싶다. 그냥 동네 산책을 사랑하고, 쌍쌍바 하나 사서 나눠 먹으며 행복하고, 상대적 박탈감이나 서열의식이나 경쟁의식에 시달리지 않고 그냥 존재하는 한 마리의 동물로서 행복을 알고 싶다. 나는 그렇게 후라이드 반, 양념 반 같은 인간으로 살기를 원한다.

이처럼 나는 삶에서 자기의 항로를 찾는다는 것이 꼭 '단 하나'의 태도나 가치관을 선택하는 것과는 다르다고 생각한다. 오히려 우리는 양극단의 가운데에서 조화를 찾는 것을 '하나의 항로'로 생각해볼 수 있다. 이 또한 자기만의 항로를 찾는 한 방식이 될 수 있는 것이다.

# 적응과 비적응 사이에서

적응력은 인간이 가진 아주 특별한 능력이다. 그러나 동시에 인간성을 지키는 최후의 보루는 '적응하지 않는 힘'에 있기도 하다. 인간이라는 건 끊임없이 적응해야 할 환경, 사건, 사람, 상황, 일에 놓이기 마련인데, 이에 어떻게 적응할지가 늘 관건이다. 적응을 잘하면 결국 그 상황을 이겨내지만, 적응을 못하면 결국 상황에 휩쓸려가거나 안착하지 못하게 된다. 그래서 무언가를 잘한다는 건 대개 적응력과 관련이 있다.

어떤 일을 잘한다는 건 그 일에 그만큼 잘 적응하는 것이고, 인간관계가 좋다는 건 그만큼 새로운 사람에게 잘 적응했다는 뜻이다. 인생에 일어나는 온갖 사건들을 잘 해결하기 위해서도, 먼저 그 사건이 일어난 상황에 빠른 적응이 필요하다.

하지만 무엇인가에 적응한다는 건, 적응하기 전의 '자신'

을 버린다는 뜻도 된다. 새로운 사랑에 재빨리 적응하는 사람은 그만큼 과거의 사랑을 빨리 잊고 버린다. 새로운 일에 빠르게 적응해갈수록, 원래의 일로부터는 그만큼 빨리 멀어진다. 새로운 환경, 상황, 장소를 빠르게 사랑하는 사람은 과거에 사랑하던 것에 대한 집착으로부터 빨리 벗어난다. 새로운 사건에 적응하고 몰입하는 능력이 뛰어날수록, 기존의 삶에서는 그만큼 빨리 빠져나오게 된다는 것을 의미하기도 한다.

그래서 때로는 적응하지 않을 수 있는 능력이야말로 한 사람의 인간성이나 자존을 지키는 길이다. 아우슈비츠 수용소에서 재빨리 적응하는 능력은 생존에 유리하겠지만, 반대로 그런 수용소 안에서도 적응하는 대신 인간성을 택하며 자존을 지키는 것이 더 위대한 능력에 가까울 수 있다. 수직적이고 고압적인 직장 환경에 적응하는 건 능력이기도 하지만, 그런 환경에 저항하는 게 더 진정한 인간의 능력일 때도 있다. 새로운 사람과 만들어가는 삶을 빠르게 사랑하는 일이 삶을 더 풍요롭게 만들어주기도 하겠지만, 반대로 기존의 사랑을 지켜내는 것이 더 의미 있는 순간도 있다.

두 가지 능력 중 어느 것이 더 중요한지를 고르자면, 하나를 고르기는 어렵다. 삶에는 두 가지 능력이 거의 필수적으로 필요해서 어느 하나를 일방적으로 등한시할 수가 없다. 다만,

대개 '적응의 능력'은 살아가면서 거의 반강제적으로 주어지는 반면, '비적응의 능력'은 상당히 의식적인 노력이 더 필요하다. 사람마다 느리거나 빠른 차이는 있더라도, 대개 적응해야 하는 것에는 어떻게든 적응하는 경우가 많다. 그래서 어떤 상황이든 오래 그 상황에 있어본 사람이 일종의 베테랑이 되기도 하고, 후임자는 그로부터 배워야 할 입장이 된다. 그러나 비적응의 힘이 발휘되어야 할 때 정작 제대로 발휘되는 경우는 그리 많지 않다.

특히, '자기만의 삶'을 만들고 지켜나가는 것, 그렇게 '자기 자신'의 정체성이 형성되는 일에는 '비적응의 힘'이 결정적이다. 가령 수험 생활을 하고, 진학을 하고, 군복무를 하고, 스펙을 쌓고, 취업을 하고, 일을 하고, 결혼을 하고, 육아를 하는 일련의 일들은 끝없는 적응을 요구한다. 그런데 그 속에서도 그에 적응하는 데 온 힘을 쓰는 대신, 어떤 고집을 유지하며 끝없이 글을 쓰는 건 내게 비적응의 영역으로 느껴진다. 내 삶에 어떤 일이 일어나든 글쓰기를 유지해온 것, 그렇게 20년 넘게 글을 써온 이 '비적응의 영역'이야말로 한편으로는 내 삶을 만들었다.

혹은 아무리 새로운 사람들을 계속 만나더라도, 내게 원래 소중한 사람들 쪽으로 마음을 계속 기울여두는 것도 그런 비적응의 방향이다. 세상에 아무리 새로운 콘텐츠가 많이 등장해도 나만의 취향을 어느 정도 지켜내는 것 역시 비적응의 힘이다. 그리고 결국 나를 다른 삶이 아닌 '나의 삶' 가장 안쪽에, 어떤 핵심에 붙들어놓고 뿌리내리게 하는 건 그런 비적응의 힘이 있는 영역이다.

여기에서 기억할 필요가 있는 건, 우리가 항상 양가적인 두 가지 상태를 유지하며 살아간다는 점이다. 한편으로는 끊임없이 적응하되, 다른 한편으로는 결코 적응하지 않는 힘의 중요성을 기억해야 한다. 우리는 계속 끊임없이 새로운 것들에, 새로운 상황에 적응하며 산다. 그러나 그 와중에 쉽사리 적응하지 않는 영역은 무엇인가? 그것이 나라는 사람의 핵심을 이룬다.

# 냉철함과 공감 사이에서

인간이 가진 능력에서 적응력과 비적응력의 대비도 흥미롭지만, 또 다른 대비로는 '냉철함'과 '공감'을 생각해볼 수 있다. 냉철함과 공감은 가히 인간이 가진 최고의 능력 두 가지라고 할 만하다. 두 가지는 가장 다르다고 할 정도로 반대되는 능력이지만, 알고 보면 인간이 정신적으로 가장 성숙했을 때 동시에 쥐게 되는 능력이기도 하다. 두 가지 능력 모두 우리의 정신이 가장 생생히 살아 있을 때 정확하게 발현되는 능력이기 때문이다.

냉철함이 얼마나 대단한 능력인지는 두말할 필요 없다. 냉철함을 한마디로 표현하면, 두 아이를 가진 사람이 한 아이가 눈앞에서 죽더라도 패닉에 빠지지 않고 다른 한 아이를 안고 도망칠 수 있는 능력이다. 절체절명의 위기 상태에서 주저

앉지 않고 아주 빠르고 정확하게 판단해서 자기가 해야 할 일, 할 수 있는 일을 직관으로 선택할 수 있는 능력이다. 마지막 10초에 1점 차이로 이기는 농구 선수나, 천재일우의 순간을 붙잡는 도박꾼이나, 일생일대의 위기 속에서도 결국 바늘구멍 같은 출구를 찾는 사람의 능력은 이런 초인적인 냉철함과 관련 있다. 인생의 여러 순간들, 거의 상시적인 위기라 할 만한 여러 고비나 고난 속에서 가장 정확한 길로 인도하는 것이 바로 이런 냉철함이다.

그러나 냉철하다는 것은 단순히 '도구적 이성'만을 발달시킨 상태는 아니다. 도구적 이성이란, 그 무언가를 오로지 실용적인 목적으로 이용하는 데 발달한 이성을 가리킨다. 예를 들어, 2차 세계대전 당시 아우슈비츠 수용소에 유대인들을 가두고 얼마나 '효율적'으로 살해할 수 있을지만을 고민했던 게 '도구적 이성'이라고 할 수 있다. 타인에 대한 공감이나 종합적인 윤리 판단 등을 제거한 채 효율성만을 고려하는 것이다.

그러나 일종의 사이코패스처럼 이런 특정 방향으로의 이성만 발달할 경우, 오히려 복합적인 판단력이나 통찰력이 떨어질 수 있다. 인간에게 가장 중요한 조건이 '다른 인간'이라고 한다면, 달리 말해 인간에게 가장 결정적인 환경이 '타인'이라고 한다면, 인간이 최고도의 냉철함을 발휘하기 위해서는 공감 능력이 필요하다. 인간의 사회적 삶은 타인을 효율적으로 살해하기보다는, 최선의 방법으로 협력하고, 상호 이익을 도모하며, 좋은 거래를 해야 하는 것이기 때문이다.

다시 말해, 우리가 인생에서 최선의 판단을 한다는 것은 혼자 사막에서 판단하는 게 아니라 언제나 무수한 사람들과의 상호 관계 속에서 가장 적절한 결정을 한다는 뜻이다. 그렇기에 가장 냉철한 사람은 가장 공감 능력이 뛰어난 사람일 수 있다. 어떤 건물에서 절체절명의 위기에 빠진 아이를 구해야 할 때, 우리는 주변에 있는 사람들이 어떻게 생각하고 행동할지, 인간이 만든 건축물의 구조는 어떠한지, 역사 속에서 다른 사람들은 이런 위기의 순간에 어떻게 대처해왔는지 등을 종합적으로 고려하여야 한다. 즉 자기 자신과 타인과의 관계성을 고도의 공감 능력으로 이해하기 때문에, 그 발판을 딛고 냉철함의 대지 위로 올라설 수 있는 것이다.

법적 분쟁은 언제나 차갑고 기계적인 논쟁의 영역일 것 같지만, 실제로는 왜 당사자가 당시 그런 행위를 했는지 가장 정확하게 설명하려면 공감 능력이 매우 깊이 필요하다. 실제로 우리 법률의 근간인 헌법은 인간의 온갖 감성적인 권리들(기본권)로 뒤덮여 있다. 인간의 생명이나 신체, 정신 등을 보호하는 각종 기본권(생명권, 신체권, 행복추구권 등)은 냉철하지 않고

203

오히려 따뜻하다. 인간 삶을 고도로 배려하기 위해 만들어진 권리들인 것이다. 그래서 법의 정점에도 사실은 따뜻함과 차가움이 함께 있다.

마찬가지로 예수가 성전의 장사치들의 좌판을 뒤엎고 채찍질할 때, 그는 가장 냉철한 판단력으로 그렇게 했을 것이지만, 그때야말로 그는 동시에 장사치들로 인해 고통 받은 사람들에게 누구보다 깊이 공감했을 것이다. 그러니까 사실 냉철함과 공감은 반대되는 능력이 아니라, 함께 있을 때 최고의 능력이 되는 최고의 짝인 것이다. 그래서 어느 한쪽을 지닌 사람이 다른 한쪽을 잃는 게 아니라, 가장 잘 길러진 공감 능력은 우리를 가장 정확한 냉철함으로 인도하고, 가장 잘 연마된 냉철함은 그 속에 가장 따뜻한 마음을 지니고 있다.

이를 '적응'과 '비적응'의 관계로 생각해보면, 적응력은 일종의 공감 능력이라 볼 수 있고, 비적응력은 일종의 냉철함이라 볼 수 있다. 우리는 타인들이라는 상황 앞에서 끊임없이 그에 공감하며 살아간다. 동시에 타인들 앞에서도 결코 변치 않고 비적응하는 냉철함을 유지하며 자기 자신을 지키기도 한다. 우리가 고민해야 할 것은 그런 '양극단의 통합'이다. 어느 한쪽으로 쉽사리 넘어가 다른 한쪽을 잊지 않는 태도, 중요한 양자를 양손에 쥐고 가며 인간 존재의 어떤 '경지'에 이르는 일이다.

# 고집과 유연성 사이에서

이처럼 양극단을 성찰하는 건 확실히 우리의 관점을 풍요롭게 만든다. 적응과 비적응, 냉철함과 공감 능력과 더불어 '고집'과 '유연성'이라는 양극단의 개념에 대해 이야기해보자.

지난 몇 년간 자신이 틀렸다고 반성한 적이 없다면, 그 사람은 틀린 고집을 갖고 있을 가능성이 높다. 애덤 그랜트의 《싱크 어게인》(이경식 역)에 소개된 최신 심리학 실험에 따르면, 지능이 높은 사람일수록 자신이 틀렸다는 생각을 하기 더 어렵다고 한다. 모든 사람은 때때로 틀린 생각, 잘못된 고정관념, 진실이 아닌 편향에 빠지지만, 똑똑한 사람일수록 자기는 '틀릴 수 없다'는 착각에서 헤어나오기 힘들어한다.

똑똑한 사람일수록 고도의 자기합리화로 지나치게 무장하여 결코 고집을 바꾸지 못하는 것이다. 그렇기에 지난 몇 년간, 심지어 그보다 더 오랜 시간 동안 자기가 틀렸다고 통렬하게 인정한 순간들이 기억나지 않는다면, 그는 자기만의 거대한 세계에 갇힌 거라고 볼 수 있다. 이 편향적인 확신은 날이 갈수록 강화되기 때문에, 어느 순간부터 그는 자기 자신에 대한 광신도가 된다.

그러나 반대의 경우 역시 만만치 않게 존재한다. 우리 시대에는 끊임없이 새로운 것들에 홀리느라 자기중심이나 줏대를 갖지 못하는 현상이 매우 광범위해졌다. 세상에는 선택할 수 있는 것이 너무 많아서 하나에 몰입하는 게 손해처럼 느껴진다. 어느 하나에 몰두하려고 하면 더 매력적인 다른 것들이 유혹한다. 두 시간을 몰입해서 볼 영화 한 편 고르기도 쉽지 않다. 영화 한 편을 고르려면 그 시간에 볼 수 있는 다른 영화, 드라마, 웹툰, 유튜브와 치열하게 싸워야 한다.

그러니까 한편에는 무한한 유동성의 바다가 있다. 이런 바다에서는 자기 고집을 가지는 것도 쉽지 않다. 어느 하나의 견해를 택하기 무섭게 온갖 반론들이 세상에 넘쳐난다. 인터넷만 조금 뒤져보더라도, 거의 동일한 양의 서로 다른 입장들을 찾아볼 수 있다. 내가 하는 선택, 내가 가진 고집은 언제나 넘쳐나는 논거로 비난의 대상이 될 수 있다.

결국 삶은 고집과 유연성의 전쟁터 같은 것이다. 고집을 가지려 하다보면 어느덧 잘못된 편향이나 고정관념에 사로잡혀 자기방어와 자기에 대한 광신에 급급한 인간이 되어버린다. 반대로, 고집을 경계하며 선택을 무한정 열어두다보면 그 무엇도 선택하지 못하고, 몰입하지 못하고, 헌신하지 못한 채 자기 정체성 자체를 갖지 못하게 된다.

이 양극적인 태도, 이 딜레마를 어떻게 해소할 수 있을까? 나는 그를 위한 핵심적인 태도가 '용기'라고 생각한다. 자기방어를 직시하며 자기가 틀릴 수도 있음을 받아들이는 용기가 필요하다. 동시에 수많은 선택들 가운데 어느 하나를 선택하여 나를 헌신할 용기 또한 필요하다. 그러한 헌신 가운데에서 내가 틀릴 수도 있음을 다시 한번 직시하고, 다시 나를 부정하는 용기가 필요하다. 그렇게 내가 틀릴 수도 있음을 인정하는 바로 그 자리에서, 다시 나를 새로운 것에 투신시킬 용기가 필요하다. 용기의 주체는 그렇게 자기 삶을 만들어간다.

예를 들어, 한 작가는 훌륭한 작가란 세상과 영합하지 않고 홀로 좋은 글을 쓰는 데만 골몰하는 것이라고 믿을 수 있다. 그래서 그는 요즘 유행한다고 하는 북토크라든지 유튜브라든지 SNS 같은 것을 멀리하고 골방에서 오로지 글만 쓰는 데 몰두한다. 그러나 정작 요즘 사람들이 삶을 즐기는 가장 흔한 형태에 무관심하다보니, 오히려 그의 글은 시대에 뒤처지고 고리타분해질 수 있다. 그는 통렬히 반성하며 세상으로 나가보기로 한다. 그리고 세상 사람들이 누린다고 하는 것들을 경험해본다. 처음으로 북토크에도 가보고 유튜브도 촬영해본다. 그 이후, 그는 다시 골방으로 돌아온다. 그가 다시 글을 쓰면, 그의 글에는 다시 '시대의 현상'이 담기게 될 것이다. 그것을 비판하든 긍정하든 말이다. 그는 한 번 자신을 벗어날 '용기'를 냈고, 다시 돌아와 자기의 원래의 것에 '헌신'하기로 했다. 그것이 그를 성장시킨다.

자기합리화로 지나치게 무장하여 결코 고집을 바꾸지 못하는 사람은 결국 자기 함정에 빠진다. 반대로 끊임없이 새로운 것에만 홀리느라 어느 하나 깊이 있는 선택을 하지 못하는 사람은 결코 자기만의 것을 가지지 못할 것이다. 그러나 자신의 선택과 고집에 충실하면서도, 끊임없이 의심하며 유연하게 자기를 바꾸어갈 용기를 가진 사람, 그런 겸손함과 강인함을 가진 사람은 결국 '자기만의 삶'을 얻으며 나아간다.

이처럼 적응 가운데 비적응을 발굴하기, 냉철함 가운데 공감 능력을 기억하기, 고집스럽게 한 가지를 파고들면서도 자신을 유연하게 넓혀가기, 바로 이런 양극단을 정확하게 통합하는 힘이야말로 인간이 이를 수 있는 '경지'라 부를 만하다. 이런 양극단을 통합하며 성장해가는 걸 흔히 철학에서는 '변증법'이라고 부른다. 이쪽에서 저쪽으로, 다시 이쪽으로, 또 다시 저쪽으로 가길 반복하며 '변증법적 성장'을 해나가는 것 이다.

# 4. 삶을 생산의 관점으로 보기

# 소비에서 생산으로

이 책에서 마지막으로 하고 싶은 이야기는 '생산'에 관한 것이다. 우리는 시작과 중간, 실패라는 삶의 여러 단계들을 지나, 타인의 것이 아닌 자기만의 관점을 가지고 삶을 이끌며, 결국 '나'라는 유일무이하고 주체적인 세계를 만드는 방법들을 살펴보았다. 마지막으로 제시하고 싶은 것은 삶을 '생산'의 관점으로 보는 것이다.

나는 인생에 '소비'로 타인들에게 평가받는 영역을 거의 남겨놓지 않으려 한다. 평소에 걸치고 다니는 양복 브랜드도 남들이 알 수 없고, 시계도 자주 차고 다니지 않으며, 핸드폰도 한 번 사면 5년씩 쓴다. 신발이나 벨트, 안경 브랜드 같은 것도 딱히 노출되는 게 없기 때문에 남들이 알 방법은 없다. 서울의 교통 체증 때문에 지하철 이용하는 걸 좋아해서 남들은 내 차가 무엇인지도 잘 모른다. 가방은 법원 갈 때 정도가 아니라면 그냥 가벼운 백팩이나 에코백을 선호한다.

대신 나는 스스로를 생산으로 평가받는 사람으로 만들어 놓았다. 누구든 내가 생산한 20여 권의 책을 읽고 당장이라도 나를 평가할 수 있다. 아니면 내가 매일 생산하는 SNS의 글을 읽고 나를 평가하기도 할 것이다. 혹은 인생 자체가 삶을 생산 하는 과정으로 본다면, 내 삶에 대해 평가할 수도 있다. 생산으 로 평가받는 건 소비로 평가받는 것보다 위험할 수 있다. 소비 대상은 바꾸면 그만이지만, 이미 생산한 것을 되돌리고 부정 하기는 어려운 면이 있기 때문이다.

그럼에도 나는 소비로 평가받는 데 별로 관심이 없고, 생 산으로 평가받는 걸 선호한다. 소비로 평가받는 데 길들여지 는 것은 일종의 노예가 되는 일이라 느낀다. 나도 당장 값비싼 안경, 시계, 벨트 같은 걸 차고 다니면서 뿌듯함을 느낄 수 있 겠으나, 그런 뿌듯함은 되도록 느끼지 않는 게 좋다고 생각한 다. 그럴수록 더 많은 소비, 돈, 기업, 유행의 노예가 되는 것처 럼 느껴지기 때문이다.

현대 소비사회는 어떤 상품이 진짜 가치가 있다기보다는, 가상의 가치가 있다고 '믿게' 만듦으로써 더 많은 돈을 쓰게 만 든다. 가령 50만 원짜리 시계나 500만 원짜리 시계는 기능 면에서 큰 차이가 없다. 디자인도 꼭 500만 원짜리가 더 뛰어나다고 볼 수는 없다. 그럼에도 비싼 제품이 더 뛰어나다는 어떤 '믿음 체계'를 자본과 결탁하여 만들어놓고 끊임없이 가상의 가치를 끌어올릴 뿐이다. 나는 거기에 걸려드는 건 일종의 개미지옥에 빠지는 것과 다름없다고 생각하며 살아왔다.

물론, 시계가 5,000만 원이든 5억 원이든 츄파춥스 구매하듯 여기는 만수르 같은 사람, 이를테면 이 믿음 체계의 최상부에 확고히 위치한 사람도 있겠으나, 그렇지 않다면 애초에 그 가상의 믿음 체계에는 빠지지 않는 게 좋다고 생각한다. 20대 언제쯤엔가 시계에 대해 아무것도 모르는 나는 첫 시계를 사면서 매우 고민했던 적이 있다. 당최 무슨 시계가 괜찮은 시계로 사람들에게 '믿어지는지' 전혀 알 수 없었던 것이다. 결국에는 그냥 디자인이 제일 마음에 드는 중저가 시계를 골랐고, 거의 10년을 썼다.

반면, 내가 비교적 소비에 열심인 영역이 있다면 경험의 영역이다. 나들이, 여행, 운동 등에는 그래도 어느 정도 소비를 한다. 30대 중반부터는 운동에 비교적 큰 소비를 했는데, 건강한 신체와 체력의 중요성을 여러모로 깊이 느꼈기 때문이다. 나는 건강해진 신체로 아이랑 놀아주고, 많은 곳을 여행하고, 더 즐겁게 살아가는 데는 관심이 있다. 그러나 이조차도 소비로 평가받고 싶은 마음은 없다. 오히려 경험을 생산하기 위한 소비 정도라 생각한다.

다만, 타인들로부터 평가받는 것과 무관하게 좋아하는 매니악한 소비 영역이 있긴 하다. 책에 대한 소비다. 나는 매달 10만 원어치 정도의 책을 산다. 그러나 이런 책들을 어디 전시할 일도 없고, 내가 산 책 가지고 타인들이 나를 우러러보고 부러워하는 일도 없다. 이 또한 내게는 일종의 경험 소비 영역에 가깝다.

물론, 소비에 지고의 가치를 부여하며 사는 삶이 꼭 나쁘다는 건 아니다. 누군가는 공정무역과 관련된 소비를 하거나 지구 환경을 생각하는 소비를 하면서 자신의 신념을 드러내기도 한다. 특정 상품을 소비하면서, 그 회사의 여러 가치에 깊이 공감해 특정 기업의 '팬'이 되기도 한다. 소비가 자기 자신의 이념이나 가치를 드러내고 평가받는 기준이 될 때도 있다. 나는 그런 사람들을 존중한다.

저마다 삶의 방식이 다르기 마련이므로 나의 방식이 꼭 옳다는 건 아니다. 그저 나는 그것이 내게 좋아서 그렇게 살아간다. 나는 '생산'이 이 삶에 나를 새기는 하나의 방식이라 믿는다. '소비'로 얻은 것이 '나'라고는 좀처럼 믿을 수가 없다. 내가 산 자동차나 시계를 '나'라고 믿는 신앙은 도무지 가질 수가 없는 것이다. 대신 나는 내가 경험하여 생산하는 것이 나라고 믿는 신앙 속에 살아간다. 그러니까 나는 단지 소비라는 종교가 아닌 생산이라는 종교를 믿는 여러 종교인들 중 하나일 뿐인 것이다.

내가 말하고 싶은 것은 이것이나 저것이 절대적으로 옳다는 게 아니다. 이렇게 삶을 생산의 관점으로 보면 여러모로 유용한 면이 있다. 이를테면 누군가 명품을 자랑할 때 박탈감이나 시기 질투를 전혀 느끼지 않는다. 타인을 보며 느끼는 괴로움 하나를 없앨 수 있는 것이다. 당연히 타인의 소비를 부러워하며 나를 자책하는 일도 없다. 대신 그 시간에 소중한 경험을 하나 늘리는 나의 시간을 사랑한다. 내 삶을 더 사랑할 수 있는 방법이 되는 셈이다.

# 가치관의 동료들을 찾아서

소비에 대한 이야기를 조금 더 확장시켜보자. 2023년, 미국의 〈월 스트리트 저널〉은 한국의 결혼 문화에 대해 1면에 보도했다. 결혼 전 약 600만 원에 가까운 프러포즈가 유행한다면서, 하루 숙박비 150만 원이 넘는 최고급 호텔의 프로포즈 패키지, 최소 몇백만 원짜리 명품 백과 시계를 교환하는 프로포즈에 대해 알렸다. 인스타그램 등에는 '호텔 프로포즈' 게시물만 4만 개가 넘는데 대부분 명품이 놓여 있다면서, 전 세계에서 1인당 명품 지출이 한국보다 많은 나라는 없다고 꼬집었다.

개인적으로 이러한 전시 문화가 공허하게 느껴지는 건 상당수가 아름다움과 개성을 전시하는 게 아니라, 소비와 서열을 전시하는 것처럼 보이기 때문이다. 흔히 전시되는 것은 가장 값비싼 소비나 서열과 관련이 있다. 몇천만 원짜리 가방이나 시계, 몇억짜리 자동차나 몇십억짜리 한강뷰 아파트를 전시하는 건 자기만의 아름다움보다는 자신의 서열을 보여주고 싶기 때문이다.

그런데 이 서열에서 오는 만족감은 겉으로는 화려해 보여도 속은 텅 비어 있다. 모든 사람이 똑같은 호텔의 똑같은 패키지를 자랑할 때, 그것은 실상 그 사람의 텅 비어 있는 미에 대한 안목을 드러낸다. 즉 아름다움에 대한 자기만의 관점이 전혀 없음을 스스로 말하고 있는 것이다. 자기만의 고유한 미적 감각과 안목을 가진 사람은 차라리 길가에 떨어진 나뭇잎과 돌멩이의 배치에서 감탄한 사진을 찍어 올릴 것이다.

달리 말하면, 이는 상상력의 부재, 독창성의 빈곤이기도 하다. 자기만의 상상력을 가지고 삶을 사랑할 방법과 힘을 가지지 못할 때, 우리는 이미 만들어진 기성품 같은 쾌락을 누릴 수밖에 없다. 당장 사랑하는 사람과 어떤 대화를 하며 무슨 놀이를 하고 어떤 즐거운 경험을 만들어야 할지 전혀 모를 때, 가장 손쉬운 방법은 일단 돈을 쓰는 것이다. 돈이 주는 획일화되고 천편일률적인 쾌락에 탐승하는 것이다.

돈으로 인한 소비로 매겨진 서열은 그 자체로 매우 추상적이고 메말라 있다. 돈으로 모든 걸 환원하면, 그것은 그냥 '추상적인 숫자'일 뿐 그 자체에는 아무런 아름다움도, 경험도, 행복도 없다. 돈으로 진짜 아름다움과 경험과 행복에 다가갈 수 있을 때, 돈은 중요해진다. 그러나 서열만이 중요한 사회에서는 돈을 통해 얻는 일련의 진짜 경험보다는 그 물건에 새겨진 '숫자'만이 중요하다. 전시되는 것은 사실 그 숫자의 서열이라는 점에서, 이는 마치 명품을 걸친 해골 전시와 같다.

우리 사회는 어릴 적부터 교육에서도 주입식 교육과 그로 인한 등수와 서열 매기기만을 중시해왔고, 그 밖에서 자기만의 기준, 개성, 고유성, 아름다움 같은 것을 계발하는 일을 거의 하지 못했다. 그 결과 이제는 문화 전반이 오로지 서열이라는 뼈대들로만 이루어져 있으며, 그 위에 피와 살을 이루는 문화, 경험, 아름다움은 도리어 별 볼일 없는 것들이 되었다. 진짜 내 입맛에 맛있는 것보다는 비싼 오마카세, 진짜 내 눈에 아름다운 것보다는 비싼 브랜드, 진짜 내게 좋은 경험을 주는 곳보다는 비싼 호텔식 경험이 최고라는 광범위한 합의마저 이루어져 있는 듯하다.

개인적으로 나는 이런 사회 분위기가 나랑 맞지 않는다고 느끼기 때문에, 나만의 문화를 만들어가는 데 공을 들인다. 나만의 취향과 루틴을 만들고, 나만의 가치 기준과 삶의 중심을 만들어가는 일이 이런 소비 서열의 사회와 싸우는 한 방법이라 느낀다. 그래서 나는 매일 책 읽는 몇 시간을 결코 포기하지 않는다. 매일 글을 쓰면서 그저 나의 삶을 살고자 한다. 오로지 내 마음에서 우러나오는 기준으로 선택한 책 몇 권이 나의 존엄을 지킨다고 느끼기 때문이다.

그리고 그런 마음을 공유할 수 있는 사람들과 모임을 만들고, 서로의 말과 글에 관심을 가지며 작은 연대를 만들어가는 일을 이어가고자 한다. 내가 만든 두 개의 뉴스레터('세상의 모든 문화', '세상의 모든 서재')는 그런 문화를 만들어가고자 하는 최소한의 노력이기도 하다. 결이 맞는 사람들과 자주 모임을 열면서 가치관을 공유한다. 유사한 가치관을 가진 사람들을 지지하고 응원하며 함께 공저(《세상의 모든 청년》,《나의 시간을 안아주고 싶어서》 등)를 쓰기도 한다. 그러면서 내가 얻고자 하는 것은 그저 뼈대밖에 없는 해골로서의 삶이 아니라, 나의 마음과 취향과 기준과 의지로 꽉 찬 삶이다. 나는 꽉 찬 진짜의 삶을 살고 싶을 따름이다. 그리고 나와 함께 살아가는 사람들 역시 그랬으면 한다.

우리가 삶에서 겪는 여러 괴로움은 '타인들의 가치관'에서 오기도 한다. 그럴 때 필요한 것은 오히려 내게 더 어울리는 가치관에 몰입하면서, 나와 가치관이 맞는 사람들을 계속 찾고 함께하는 일이다. 나는 소비보다 생산에 방점을 두는 사람들이 좋고, 사실상 내 주위에는 거의 그런 사람들밖에 없다. 이들은 생산보다 소비에 방점을 두는 사회 전체에 대한 방어막이 되어준다.

이 글을 읽고 있는 당신이 어떤 가치관을 가지고 있는지 나는 모른다. 만약 나와 비슷한 가치관을 가진 사람이라면, 나, 나의 글, 나의 책이 당신의 보호막이 되어줄 것이며, 당신의 존재 또한 내게 방어막이 되어줄 것이다. 우리는 그렇게 함께 삶을 이겨낼 '가치관의 동료들'을 찾을 필요가 있다.

# 생산의 확장으로

요즘 나는 나의 성장 못지않게 타인의 성장에 관심이 있다. 생각해보면 예전부터 나는 내가 다른 사람들에게 무언가를 줄 수 있는 존재가 되길 바랐다. 어릴 적에는 여동생에게 영어나 한글을 가르쳐주는 게 좋았다. 조금 더 나이가 들어서도 내가 공부한 것이나 얻은 지식을 과외나 팟캐스트 같은 형식으로 나누길 좋아했다.

근래에도 누군가의 글쓰기에 도움을 주고, 그 사람이 글쓰기에서 의미를 얻고, 나아가 중요한 성취를 거두는 모습을 보면 일종의 보람을 느낀다. 이런 보람은 기부를 하거나 봉사활동을 하거나 누군가를 변호해서 얻는 느낌과는 다르다. 그런 행위는 기본적으로 트레이드 오프$^{trade\text{-}off}$, 한쪽의 플러스와 다른 한쪽의 마이너스라는 대칭 관계를 벗어나기 어렵다. 그러나 다른 사람의 '성장'에 기여한다는 느낌에는 무언가 다른 게 있다.

그것은 삶의 본질과도 닿아 있다. 누구나 자신의 성장을 바라지만, 나만의 성장이라는 것도 결국에는 공허한 지점이 있기 마련이다. 오직 나를 위해 그 무언가를 아무리 잘한다고 한들, 그 끝은 결국 자기만의 만족이나 타인들에게서 얻는 칭찬 정도에서 그치게 된다. 내게로 들어온 물길이 내 안의 댐에 막혀버린 듯한 느낌이 있다.

그러나 어떤 무형의 지식이나 기술을 더 많은 사람에게 나누는 것은, 세포분열처럼 계속하여 더 불어나고 배가 되고 생성되는 일이다. 내가 영어를 읽을 줄 알게 되었을 때, 그 '읽을 줄 앎'을 동생에게 알려주면 그 능력 자체가 세상에 두 배가 된다. 영어를 읽을 줄 아는 능력이 나라는 사람에게 현현했다가 동생에게도 현현하여 두 배가 되는 것이다. 그것을 세 명, 네 명에게 나누면 세 배, 네 배가 된다.

어릴 적, 초등학생이었던 여동생에게 영어를 가르치던 순간을 생생하게 기억한다. "b는 비읍, n은 니은, a는 아야. 그러니까 banana는 바나나라고 읽는 거야." 이렇게 처음 영어를 가르치면서, 나중에는 매일 영어 단어 시험을 치기도 했다. 어머니가 시켜서 한 것도 아니었고, 그냥 그게 좋았다. 나중에는 사촌 동생도 가르쳤다. 사촌 동생은 어릴 적 나를 '사부님'이라 부르며 따랐다. 그 시절 나는 타인의 성장에 기여하는 기쁨을 처음 배웠다.

내가 '생산'을 이야기하는 와중에 '타인의 성장'을 이야기한 것은 이것이 '생산'의 가장 전형적인 형태일 수 있기 때문이다. 즉 인생에서 가장 근본적인 생산은 타인을, 생명을 생산하는 일이다. 아이를 생산하여 그 성장을 돕는 것, 그것이 삶의 한 본질이라면, 타인의 성장을 돕는 일도 마찬가지다. 어떻게 보면 생산이야말로 삶의 본질인 것이다. 그렇기에 나는 더더욱 '생산'을 지지한다. 생산하는 삶, 그것은 곧 성장하는 삶이며, 생동하는 삶이자, 자기만의 삶을 사는 길이라는 것이 나의 생각이며 가치관이다. 나는 '생산'으로 삶을 가득 채워야 한다고 믿는다.

# 무한한 자기계발의
# 개미지옥

한 성형외과 의사 지인으로부터 전해 듣기를, 요즘에는 미모가 뛰어날수록 얼굴에 손을 대지 않는 사람이 거의 없다고 한다. 사실 나는 잘 모르는 영역이라 막연히 세상에는 예쁘거나 잘생긴 사람들이 있다고 생각하며 살아왔다. 그런데 알고 보면 상당수가 '만들어진' 미모의 사람들이라는 게 어딘지 신기하고 묘하게 느껴진다. 말하자면, 우리는 '조작 혹은 개량 사회'에 살고 있는 것이다. 무엇이든 보이는 것들은 원래 그대로가 아니고, 만들어지거나 조작되거나 개량된 것들이다.

요즘 아이 부모들은 아이 키 때문에 고민이 많다. 내가 어릴 때만 하더라도 키는 크면 큰 대로 작으면 작은 대로 사는 분위기가 있었는데, 요즘에는 아이 키가 잘 안 큰다 싶으면, 1,000만 원씩 하는 호르몬 주사 등으로 아이 키를 키우는 일이

흔해졌다. 교육에서의 경쟁은 말할 것도 없고, 외모적으로도 아이들이 손해 보고 클까봐 무엇이든 '평균 이상'으로 만들고자 하는 의식이 팽배해 있다. 남들보다 무엇이든 못한 존재로 클까봐 전전긍긍하는 것이다.

개인적으로 나도 스스로를 더 나은 사람으로 만들고 싶고, 여러 면에서 성장하고 싶은 의욕도 있다. 나의 아이 역시 자기 인생을 잘 누리면서 행복하게 살았으면 싶고, 그를 위해 많이 도와주고 싶기도 하다. 그런데 이렇게 인생의 모든 것을 '조작'하여 '개량'할 수 있다고 할 때, 그 기준을 어디에 둘 것인가에 대해서는 깊은 고민이 필요해 보인다. 모든 것에서 남들보다 못한 존재로 살지 않기 위하여 개량을 하다보면 근본적으로 그 일은 끝이 없다.

남들보다 근육도 많아야 하고, 키도 커야 하고, 얼굴도 잘생겨야 하고, 남부럽지 않은 차도 타야 하고, 가방도 메야 하고, 시계도 차야 하고, 남들이 무시하지 않는 동네에 아파트도 가져야 하고, 브랜드 옷도 입어야 하고, 아이 학벌도 좋아야 하고 등 남들을 기준으로 놓고 조작과 개량의 세계에 뛰어들기 시작하면, 근본적으로 자기를 온전히 사랑할 방법이 없어진다. 대신 남들의 기준에서 자기가 사랑받는 존재여야만 하는데, 이 남들이란 존재는 만족을 모르며, 우리에게 충족의 기

225

준을 알려주지도 않는다.

얼굴이야 고치기 시작하면, 몇억을 들여서도 더 고칠 것들이 있다고 한다. 눈, 코, 입, 볼, 턱, 윤곽선 등 하나씩 하다보면 아파트 한 채 값이 들 수 있다고 한다. 명품의 세계에도 발 들이기 시작하면, 거의 끝없이 올라가는 영역들이 기다리고 있다. 아파트로 남들 신경을 쓰기 시작하면, 서울 강남 안에서도 테헤란로를 기점으로 '테북'과 '테남'이 나뉘고, 그 안에서도 아파트 브랜드와 연식과 입지를 다시 나누면서 타인들의 기준을 신경 쓰느라 신경쇠약에 걸릴 정도가 된다. 우월감과 열등감은 동전의 양면이다. 우리가 누군가에게 느끼는 우월감에 중독되면 반드시 다른 누군가에게는 열등감을 느끼게 된다. 만족의 기준을 '남들'과의 비교에 둔다는 점에서 그렇다.

나는 기본적으로 성장을 지지하는 사람이고, 정신이나 신체의 자기계발도 나쁘다고 생각하지 않는다. 그러나 스스로 만족할 수 있는 기준을 만들어가지 않으면, 성장과 계발도 일종의 개미지옥이 된다. 그 개미지옥은 타인들의 시선이라는 모래로 이루어져 있다. 만족과 행복을 배우지 못한 아이들은 아무리 개량되어도 불행하게 살 것이다. 성장의 다른 이름이 때로는 결핍이라는 점, 그래서 우리는 바로 우리 자신의 진짜 결핍을 마주해야 한다는 사실을 기억해야 한다. 그리고 그 결핍을 무한한 타인들의 기준들로 채울 게 아니라, 진짜 자기 자신이 되어가는 방식으로 채워야 한다는 점을 자각할 필요가 있다.

남들이 모두 얼굴과 외모를 고치는 세상, 남들이 모두 자동차와 가방과 옷의 브랜드로 서로를 평가하는 세상에서 나 혼자 고고하기란 쉽지 않다. 가만히 있으면 나만 손해 보는 것 같고 뒤처지는 것 같아 마음을 가누기 어려울 수 있다. 그럴 때 일수록, 그 모든 게 진정 우리 자신을 위한 것인지 고민해야 한다. 세상은 우리에게 더 많은 돈을 쓰게 하기 위하여 끝없이 더 많은 결핍을 느끼게 만든다. 때때로 삶은 바로 그렇게 만들어지는 결핍과의 전쟁으로 정의될 필요가 있다. 우리는 진짜 우리 자신을 위한 삶을 찾아가야 한다.

누구나 좋은 삶을 살기를 바라며 오늘도 고민하며 앞으로 나아가고 있다. 가끔은 전 세계 70억 명이나 되는 사람들이 저마다 좋은 삶을 살기 위해 그토록 고민하며 애쓰고 있다는 게 이상하게 느껴지기도 한다. 누구든 한 번 부여받은 이 삶을 잘 살아내고 싶을 것이다. 그러나 삶을 잘 살아낸다는 건 쉽지 않은 일이다. 누군가는 실패하고, 누군가는 성공한다. 누군가는 한 번뿐인 삶을 후회 없이 잘 살았다고 믿는 반면, 누군가는 자기 삶을 저주하면서 시기와 절망의 늪에 빠진다.

나의 삶도 여전히 현재진행형이다. 나 역시 인생의 끝에 이르러, 내가 이 삶을 과연 여한 없이 좋은 삶으로 살아냈다고 믿을지 확신할 수 없다. 그렇기에 오늘도 거듭 고민하며 한 걸음씩 나아간다. 나름대로 치열하게 고민한 덕분인지, 적어도 지금까지는 내가 믿는 '나의 좋은 삶' 쪽으로 꿋꿋이 걸어가고 있다고 믿는다.

이 책에 실린 글들은 그 누구보다도 내가 스스로 가장 필요해서 쓴 글들이다. 실제로 원고를 거듭 읽고 고치면서, 나는 내가 쓴 이 글들이 내게 큰 힘과 위안이 됨을 느꼈다. 이 글들에는 어떻게 하면 좋은 삶을 살지에 대한 나의 고민들이 고스란히 담겨 있고, 나름대로 찾은 나의 답들이 적혀 있다. 나는 바로 여기 새겨진 나의 언어들이 내 삶의 중심이고, 나를 지켜주며, 나를 이끌어준다는 걸 믿는다.

이전의 여러 책에서 나는 여러 사상가나 학자들의 이야기를 인용하면서 글을 써왔다. 그러나 이번 책에서는 일부러 그 누군가의 이야기를 인용하기보다는, 실제로 내 삶에서부터 길어나온 이야기들을 나의 언어로 이야기해보고자 했다. 내가 읽었던 수천 권의 책들이나 살아오면서 인상 깊었던 여러 이야기들이 내 삶이라는 용광로에 흘러들어와, 나의 언어라는 합금으로 흘러나온 게 여기 실린 글들인 셈이다.

세상에 훌륭한 사상이나 이론이 많지만, 나는 한 사람에게 진정으로 참고가 될 수 있는 건 늘 다른 한 사람의 진짜 이야기라고 믿어왔다. 듣기에 훌륭한 그럴싸한 이야기는 누구나 할 수 있다. 심지어 삶과 말이 일치하지 않더라도, 연단에 선 누군가의 위선 섞인 가짜 이야기도 때론 의미가 있을지도 모른다. 그러나 글을 쓰는 사람으로서 나는 언제나 그 누군가의 '진짜' 이야기를 듣는 것만이 진정으로 삶에 도움이 되고 가치 있는 것이라는 신념을 오랫동안 지녀왔다.

이 책은 그런 나의 '진짜' 이야기를 남기고자 한 하나의 시도이다. 나는 정확히 이 책에서 말한 대로 살고자 애쓰고 있으며, 더할 것도 덜 것도 없다. 나는 세상에서 가장 좋은 삶을 사는 사람은 아니지만, 좋은 삶을 살기 위해 애쓰고 글 쓰며 살아가는 이 한 사람의 이야기가 그 누군가에게 다소간의 참고가 될 수 있었으면 한다.

무엇보다도 내게 주어진 것들에 감사하면서, 다소 어려운 쪽으로 보이는 길을 너무 두려워하지 않고, 타인들의 기준에 맹목적으로 시달리지 않으면서 나의 삶을 살아갔으면 한다. 그렇게 저마다의 '좋은 여정'을 걷는 사람들을 언제고 만나 함께 걸으며, 이 삶의 이야기를 써나가고 싶다. 당신이 다른 누구의 삶도 아닌 당신 자신의 삶을 가장 사랑할 수 있길 바란다.

# 자기만의 세계를
# 만든 사람들

# 웹툰 작가 김풍의
# 자기를 실험하는 마음

삶이 갑갑한 권태로 뒤덮인다고 느낄 때, 김풍 작가를 만나고 나면 기분이 좋았다. 그 좋은 기분은 일종의 '자유로워지는 듯한 기분'이었다. 어째서 한 사람이 매번 그렇게 비슷한 느낌을 줄 수 있는지 궁금했다. 그렇다고 해서 그가 항상 기분 좋은 활기로 가득 찬 사람인 건 아니었다. 때론 자기 안에 깊이 침잠해 있는 듯 보이기도 했고, 때론 방황하는 것처럼 느껴지기도 했다. 그럼에도 그에게는 그런 자기 자신을 이겨내는 무언가가 내면에 있는 것 같았다.

처음 누군가를 인터뷰하겠다고 마음먹은 것도 그의 내면에 있는 '그 무언가'를 알고 싶어서였다. 아마 그가 아니었다면 '인터뷰'를 해보겠다는 첫 마음 자체를 먹지조차 않았을 것이다. 글을 쓰기 시작한 지 20여 년 만에 인터뷰하고 싶은 사람을 처음 만난 셈이었다. 그의 마음에 밀착할 수 있다면, 삶의 비밀 하나를 알 수 있을 거라는 묘한 기대감이 들었다.

그렇게 나는 그에게 인터뷰를 해도 되겠느냐고 물었다. 그는 흔쾌히 찾아오라고 했다. 수험 생활을 하던 시절, 그는 내가 있던 부산에 몇 번인가 찾아왔다. 그는 "부산에 오는 이유는 너를 보기 위해서야"라고 말했다. 고립되어 있던 수험 시절, 그 말이 내게 얼마나 큰 위안이었는지 모른다. 바닷가에 머무르던 그를 만나러 가는 길은, 부산에 살면서도 바다를 보러 가기 힘들었던 내게 바다를 보는 몇 안 되는 시간이었다.

이제 나는 그를 찾아가고 있다. 그가 있는 곳은 한강변이다. 그를 만나는 곳에는 언제나 바다나 강이 있다. 강은 바다로 이어진다. 어린 시절을 바닷가에서 보낸 내게 바다는 마음껏 헤엄칠 수 있는 자유의 상징이었다.

### 죽음에 예민한 마음

그는 광안대교가 보이던 어느 카페에서, 아버지의 죽음에 대해 이야기한 적이 있었다.

"아버지가 누워 계시는 걸 보는데, 아버지가 참 편안해 보이

더라. 그렇구나, 죽음이란 이렇게 편안한 것이구나, 하는 생
각이 들었어."

나는 그를 위로해야 하는 것일까, 고민했다. 그러나 그다
음 말은 나를 조금 놀라게 했다.

"그런데 그 무렵 나도 참 편안했거든. 인생에 그렇게까지 애
쓰는 것도 없고, 그냥 너무 편안해서 좋았어. 그러다가 그날
집에 돌아와서 생각한 거지. 사실, 이건 죽음이구나. 사람이
가장 편안하고 싶으면 죽으면 되는 거구나."

이번에 인터뷰할 때도 그는 이 죽음에 대한 이야기를 했
다. 마침 창밖으로는 한강 위로 석양이 지고 있었다. 비교적 쉽
게 우울함을 느끼는 편이었던 나는 이 이야기가 어떤 침울한
방향으로 흐를 거라고 생각했다. 그러나 그는 다르게 생각했
다. 그의 결론은 "그러니까, 편안해지면 안 되는 거야"라는 것
이었다.

지난 몇 년간, 나는 그가 괴로움에 몸부림쳤다는 걸 알고
있었다. 어떻게 보면, 그저 편안하게 방송하면서 광고나 찍고
충분히 안락하게 살아갈 수도 있는 입장이었지만, 그는 어떻

게든 다시 '창작'으로 돌아가고자 했다. 그가 치열하게 구상했던 웹툰의 스토리만 여러 개를 들었다. 영화 시나리오를 구상하기도 했다. 그러다가 그는 평생 처음 '드라마 작가'에 도전했다. 아마 나의 수험 생활보다도 더 길고 지리멸렬한 시간이었을 것이다. 그래도 그는 이겨냈다.

사실, 그가 왜 그렇게까지 집요하게 창작에 몰두하고, 새로운 일에 도전하고자 하는지 잘 이해할 수 없는 순간도 있었다. 더 큰 성공을 바라는 걸까? 더 많은 돈을 벌고 더 유명해지고 싶어서일까? 그러나 그의 이야기를 들을수록 그런 문제가 아니라는 걸 알았다. 그는 두렵다고 했다. 자신이 더 이상 창작할 수 없는 때가 올까봐 조바심을 느낀다고 했다. 나이 들어감이, 늙어감이 아쉽다고 했다.

창작에 절실한 그 마음이 죽음에 대한 두려움 때문이라고 하면, 과연 얼마나 많은 사람들이 이해할 수 있을까? 그러나 나는 그 순간, 그것을 완벽하게 이해할 수 있을 것 같았다. 우리는 무언가를 너무 사랑할 때, 죽음이 두렵다. 그는 자신이 가장 생생하게 살아 있었던 듯한 순간에 대해 말했다. 그 순간이 바로 '창작'의 순간이었다. 과거 〈찌질의 역사〉라는 작품을 쓰면서, 인물들이 살아나 춤을 추는 세계에 진입하면서, 그는 자신이 창작의 순간을 가장 열망한다는 걸 깨달았다. 그는 그 순간으로 되돌아가고 싶어했다.

"아버지가 돌아가시고 나서 아버지의 방에 들어갔는데, 남아 있는 스테이플러 심이랑 쓰다 만 지우개가 있더라고. 아버지도 이걸 다 쓸 거라고 생각하셨겠지. 우리는 그렇게 가진 걸 다 쓸 거라고 생각하며 살아가지만, 사실은 그렇지 않잖아. 죽으면 다 아무것도 아니라서, 그래서 더 삶을 좋아하게 되는 것 같아."

있는 건 삶밖에 없다. 그는 살아 있다는 건 기회이고, 이 기회를 잘 쓰고 싶다고 했다. 가만히 편안한 상태로 죽음에 가까워지는 건 너무 아까운 일이라고 했다. 그에게 고통이나 괴로움, 힘겨움 같은 건 차라리 부차적인 문제인 듯 보였다. 그는 더 경험하고 싶어했고, 더 아쉽지 않고 싶어했고, 더 후회하고 싶지 않아했다. 그는 여한 없이 살고 싶다고 했고, 그렇게 자기 자신을 저 삶이라는 바다로 던지고자 했다.

**살아 있고 싶은 마음**

그의 인생 역정은 참 특이하다. 흔히 김풍이라고 하면, 방송인이나 예능인, 웹툰 작가 정도로 알려져 있지만, 실제로는 그렇게 단순히 말하기 어려운 삶의 과정을 살아왔다. 캐릭터 사업을 하는 회사를 차리기도 했고, 영화 잡지에서 기획자와 기자로 일하기도 했고, 극단에서 한동안 연극배우로 활동하기도 했다. 몇 년간은 그냥 백수 생활을 하기도 했다고 한다.

30대에는 현재의 그를 만든 두 가지의 큰 계기랄 게 있었다. 하나는 트위터에 요리를 찍어 올리다가 요리 관련 채널에 출연하기 시작한 것이고, 다른 하나는 웹툰 〈찌질의 역사〉를 창작한 것이었다. 그는 〈찌질의 역사〉를 하려고 한 당시의 설렘에 대해 이야기했다.

"몇 년 만에 다시 웹툰을 하려고 하는데, 그렇게 설레더라고. 사실 〈찌질의 역사〉는 초반에 반응이 별로 안 좋았지만, 나는 너무 좋았어. 지난 20대 시절을 떠올리면서 그 시절로 들어가는 일이었지. 그건 그때가 아니면 할 수 없는 일이었어. 나이가 더 들면 20대의 느낌을 다 잊어버릴 테니 말이야."

이 부분에서 나는 그의 마음의 핵심이랄 것을 본 듯한 느낌이 들었다. 그는 언제나 그때가 아니면, 이때가 아니면 할 수 없는 것을 하며 살아가고자 하는 듯했다. 그 마음은 본질적으로 흘러가는 인생에 대한 아쉬움이 아닐까 한다. 알고 보면 우리 모두에게는 매 시절의 의무랄 게 있다. 매 시절, 그 시절 가장 사랑할 수 있는 무언가가 있다. 어린 날의 놀이든, 청춘 시절의 연애든, 젊은 날 꿈을 좇는 일이든, 지나고 나면 하기 어려운 무언가가 삶에는 있다.

사람들은 흔히 물 들어올 때 노 저으라고 한다. 그런데 내가 본 김풍 작가는, 물 들어올 때 노를 집어던지기 일쑤였다. 방송이나 광고 요청이 쏟아져 들어올 때도, 그는 과연 그것이 자기가 이 시절 할 수 있는 최선인지 고민했다. 그는 자신이 이때가 아니면 할 수 없으면서도, 자신이 가장 사랑할 수 있고, 생생하게 살아 있을 수 있는 그 어떤 일이 무언가를 집요하게 찾아갔다.

그 동력은 바로 '살아 있고 싶은 마음'이 아닌가 싶다. 그 마음은 자기 이익을 최대화하고자 하는 마음이라든지, 타인들을 지배하고자 하는 마음이라든지, 같은 것과는 거리가 있다. 오히려 김풍의 마음은 죽기 전까지는 죽지 않고자 하는 마음, 권태에 파묻혀 정지되지 않고자 하는 마음이다.

"나한테 무언가 할 수 있는 힘이 있구나, 내가 최고라기보다는 나 스스로에게는 단지 뭔가 해볼 수 있는 힘이 있구나, 라는 그 느낌을 좇는 것 같아. 하고 싶은 걸 하고 싶고, 그럴 때 내 안에 아직 피가 끓고 있다는 걸 느껴."

그는 유튜브 등 방송으로 또 다른 전성기를 맞고 있지만, 그가 원하는 건 그런 외면적인 인기나 성장만은 아니다. 그는 바로 이 순간에도, 다시 자기를 실험하려고 한다. 불가능할 것처럼도 보이지만, 자신이 할 수 있을 것 같은 그 무언가로 자신을 집어던질 결단을 하고 있다. 그는 너무 나이가 들기 전에, 굳어버리기 전에, 죽음에 더 가까워지기 전에, 창작에 몰두할 수 있을 때 또 어떤 작품을 창조하고자 한다. 그것이 그가 죽음을, 그리고 삶을 대하는 자세다.

### 인터뷰를 마치면서

최근 그에게는 첫 아이가 생겼다. 그는 그 아이의 탄생을 인생에서 아주 역동적인 사건이라 생각한다고 했다. 아이로 인해 '미래'가 생긴 것 같다는 말도 했다. 그 이전까지 자신에게 있는 건 현재뿐이었다면, 아이가 태어나면서 미래가 무척 구체적인 것으로 느껴지기 시작했다고 말이다.

묘하게도 나는 그가 아이와 함께 맞이할 그 미래가, 새로운 그 세계가 무척 기대되었다. 그라면 후회 없이, 그리고 아낌없이 그 시절을 사랑할 것만 같다. 아마도 그는 그 시절이 아니면 할 수 없는 그 무언가를 하기 위하여, 아이와 둘도 없는 어떤 삶을 만들어내지 않을까 싶다.

그를 생각하면 바다가 떠오른다. 그는 언제나 바다에 어울리는 마음으로 살고 있을 것 같다. 이를테면 항해하는 마음, 바다에 뛰어드는 마음, 삶을 사랑하는 마음으로 말이다. 그는 죽기 바로 전까지 살아 있기 위하여, 누구보다도 가장 살아 있는 마음으로 삶에 속해 있을 것이다. 그가 떠난 방에는 남은 스테이플러 심도, 남은 지우개도 없을 것이다.

# 출판평론가 김성신의
# 이기고 싶은 마음

작가로 살아오면서 몇 번인가 김성신 평론가를 마주칠 일이 있었다. 처음 그를 만난 것은 책을 소개하던 한 방송에서였는데, 나로서는 거의 첫 TV 출연이기도 해서 무척 긴장했던 터였다. 하지만 긴장이 무색하게도, 그는 진행자로서 당시 나의 책인 《당신의 여행에게 묻습니다》를 매우 근사하게 소개해주었고, 내가 이야기할 때도 연신 귀를 기울이며 좋은 말들을 건네주었다. 그래서 무척 좋은 기억을 가지고 있었는데, 그로부터 한참의 시간이 흐르고 나서, 다시 우연히 뜻밖의 기회로 그를 만날 일이 생겼다.

그 기회는 내가 변호사가 된 이후 법무부에서 일하면서 찾아왔다. 우연히 내가 맡은 일의 TF팀에 김성신 평론가가 있었던 것이다. 그렇게 오랜만에 다시 만난 뒤 어느 자리에서, 그는 자신이 올해로 한 라디오 프로그램을 20년째 맡고 있다는 이야기를 했다. 나는 그 이야기가 무척 놀라워서, 어떻게 20년이나 한 프로그램을 맡을 수 있었느냐고 물었다. 그는 "어쩌다보니 그렇게 됐네요" 하고 웃으며 답할 뿐이었다. 나는 그때부터 그의 인생이 무척 궁금해지기 시작했다.

생각해보면, 김성신 평론가는 내가 아는 사람 중에 가장 '특이한' 직업을 가진 사람 중 한 명이다. 아마 많은 사람이 '출판평론가'라는 직업을 처음 들어볼 것이다. 혹은 사람에 따라서는 약간 수상하게 생각할지도 모르겠다. 출판평론가라는 직업이 정말로 존재하나요? 라고 의구심을 품으면서 말이다. 나도 어쩌면 그래서 더 그의 삶이 궁금했는지도 모른다.

교사, 디자이너, 의사, IT 개발자 등 들으면 누구나 짐작할 수 있는 그런 직업이 아닌, 사회의 틈새를 뚫고 나온 듯한 직업을 20년 넘게 이어온 것이 어떻게 가능한지 궁금했다. 그러한 '직업 생성'의 현실적인 면도 궁금했고, 한발 더 나아가 그런 직업을 집요하게 지켜온 그 마음도 궁금했다. 나는 그런 마음을 전하며 그에게 인터뷰를 부탁했다. 그는 이렇게 대답했다. "살다보니 이런 날도 오는군요." 나는 아마도 인터뷰를 수락하는 말 중 가장 멋진 말인 것 같은, 그 겸손에 잠시 탄복했다.

## 이기고 싶은 마음

"이기고 싶어서 그랬어요."

김성신 평론가는 출판평론가로서의 삶을 집요하게 추구한 것을 한마디로, 이기고 싶어서라고 했다. 이 이야기에는 약간의 맥락이 더 필요하다. 그는 대학을 졸업하고 진로를 고민하다가 혼자 뉴욕으로 여행을 떠났다고 했다. 정처 없이 도시를 돌아다니다가, 뉴욕의 한 헌책방에 이르렀다. 그리고 찬찬히 책방을 둘러본 뒤, 책방을 나오면서 생각했다고 한다. '나는 출판계 쪽으로 가야겠다'고 말이다. 그는 그 자리에서 한국으로 돌아와 출판사 취업을 알아보았다고 한다.

그 이야기는 마치 야구장에서 어느 날 '소설을 써야겠다'고 다짐했다는 무라카미 하루키의 이야기처럼 들렸다. 아마그에 대해서는 그 이상의 설명이 필요하지 않을 것이다. 김성신 평론가도 하루키처럼 어릴 적부터 책을 좋아했다고 한다. 그러나 어느 삶도 단 하나의 이유만 있지는 않다. 모르면 몰라도, 하루키의 야구장처럼 김성신의 그 헌책방이 그에게 무언가 말을 걸었을 거라는 생각이 들었다. 돌아와서 보니, 그 서점은 그 유명한 '셰익스피어 앤 컴퍼니'였다고 한다(나는 그전에는 이 서점이 파리에만 있는 줄 알았다).

"그렇게 청춘의 어떤 무언의 확신을 가지고 출판사에 들어 갔지만, 다소 실망한 면이 있었어요. 저는 나름대로 일종의 지식산업에 대한 기대가 있었는데, 막상 들어가보니 그런 면을 느끼기 힘들었거든요. 지금은 달라졌지만, 당시만 하더라도 출판사의 일이라는 게 그저 유명 저자의 눈치나 보면서 교정·교열 보는 정도에 그치는 작은 산업 같다는 생각을 떨치기 힘들었어요. 뭐랄까, 나름 우리도 책도 많이 읽고 출판이라는 문화 산업을 이끄는 사람들인데, 지식인들을 보조하는 이류같이 느껴졌달까요."

청년 시절, 우리는 흔히 세상을 바꾸거나 사회에서 중요한 일을 할 수 있는 역할을 꿈꾼다. 그러나 많은 청년이 막상 도래한 현실 앞에서 실망하곤 한다. 정작 취업을 하고 보니, 스스로 결정할 수 있는 건 별로 없고 주로 회사 차원에서 시키는 일들만 기계적으로 해야 하는 경우가 많다. 때론 아무 의미 없어 보이는 일에 밤새우며 시간을 바쳐야 한다. 그러다 결국 먹고사는 일이 다 똑같다며, 의미나 보람 같은 건 포기하고 체념으로 돌아서기도 한다.

"그때 저는 이대로 계속 출판사에 다니면서 일종의 '출판 기능공'으로 살아갈 것인지, 아니면 출판을 포기할 것인지 정말 많이 고민했어요. 그런데 제가 이른 길은 둘 다 아니었어요. 출판이라는 이 중요하고도 제가 좋아하는 일을 포기하지 않으면서도, 그 상황을 극복할 길을 찾기 시작했어요. 그게 '출판평론가'라는 일이었어요."

그는 이기고 싶었다고 했다. 그의 이야기는 당시 주류였던 정치인이나 다른 지식인들에 비해 일종의 이류 취급을 받았던 '출판인'의 투쟁기인 셈이다. 그는 출판사를 나온 뒤, 출판평론가로 활동하면서 자기의 자리를 적극적으로 만들어나갔다. 그의 투쟁은 이 사회에서 자기 자신을 찾기 위한 것이기도 했지만, 동시에 출판이라는 비주류 산업이 한 사회에 당당한 문화 산업으로 발 딛게 하고자 애쓰는 여정이기도 했다.

### 비주류로 살아가는 마음

김성신 평론가는 평생 자신이 '비주류'라는 마음으로 살아왔다고 말했다. 출판이라는 산업 자체, 그중에서도 '출판평론가'는 일종의 비주류처럼 느껴진다고 했다. 반도체 같은 대규

모 산업도 아니고, 교수나 법조인, 정치인처럼 사회의 주류 세력이라고 말할 수도 없다. 그는 이 비주류로서 자리를 잡기 위한 그간의 투쟁에 대해 매우 현실적인 이야기를 전해주었다.

"비주류로서 살아가는 입장에서는, 주류들이 점유하고 있는 현실을 어떻게 헐어서 내 것으로 가지고 갈지가 늘 중요했어요. 그를 위해서는 '공격적'일 수밖에 없다고 생각했죠. 이런 공격성이 가능하려면 그만큼의 '명분'이 필요하기도 해요. 또한 무엇보다 연대가 필요하죠. 저는 장동석, 홍순철 등 다른 출판평론가들과도 연대를 만들고 이어오기 위해 노력했어요. 서로 방송이나 강의, 기고 등 여러 자리들을 소개시켜주면서 '우리의 자리'를 사회에 새겨야 한다고 생각했죠."

그의 이야기를 들으면서 가장 인상적이었던 점은 '개인의 삶'과 '사회적 역할'의 일치였다. 보통 개인적 삶을 추구할수록 우리는 사회적으로 어떤 '좋은 역할'이랄 것을 잃는다. 자기 이익을 집요하게 추구할수록 공동체에는 해가 되는 경우가 많은 것이다. 그러나 그는 그 일치점을 찾아낸 것처럼 보였다. 개인의 파이를 늘리는 것이 동시에 출판 산업이라는 비주류 영역이 이 사회에 확대되는 것이고, 그것이 곧 '출판평론가'들의 연대와 육성에까지 이어졌다.

그는 지금은 절판되었지만,《세상을 바꾸는 대안 기업가 80인》이라는 책을 추천해주기도 했다. 이 책은 획일화된 사회, 주류가 점령한 문화에서 비주류가 어떻게 사회와 문화의 부조리를 뚫고서 그 영토를 확장시켜나가는지에 관한 책이다. 이러한 '비주류의 확장'은 그 자체로 세상을 바꾸고, 사회와 문화에 새로움을 공급하면서, 사회와 문화가 낡고 병든 독점적 세계관에 빠지지 않도록 막아준다. 김성신 평론가는 평생의 삶으로 그런 일을 해왔다는 생각이 들었다.

"저한테 출판평론가란 출판인이자 지식인인 무엇이었어요. 제가 생각할 때 출판인은 좋은 사람이에요. 세상을 위해 기여하는 일이고, 무엇보다 책을 좋아하는 저에게 무척 매력적인 직업이었죠. 반면, 저에게 지식인이란 사회적으로 높은 위상을 가진 어떤 존재를 의미했어요. 저는 '출판평론가'가 그 두 마리 토끼를 모두 잡는 일이라 생각했어요."

김성신 평론가는 출판평론가로서 방송, 지면 등에서 확고한 자리를 잡아왔을 뿐만 아니라, 한양대학교 겸임교수, 출판

도시문화재단 이사, 한국문화콘텐츠비평협회 부회장 등 다양한 방식으로 사회에 참여하고 있다. 그의 일은 모두 스스로의 위상을 높이면서 동시에 비평계, 출판계, 문화산업계 전반의 위상을 높이고 확장시켜나가는 일이기도 하다.

### 죽을 때까지 진화하는 마음

"저에게는 스스로 관 뚜껑에 못 박은 사람과는 교유하지 않는다는 원칙이 있어요."

김성신 평론가는 지금도 '비주류 행진'을 지속 중이다. 그는 지난 20년 넘게 출판평론가로 살아왔지만, 그에 그치지 않고 또 다른 '영토'를 만들어갈 것이라 이야기했다. 특히, 그는 앞으로 출판산업이 단순히 책을 만들고 출간하는 데 그치지 않고, 종합적인 지식인 매지니먼트 형태로 진화할 거라 믿는다고 했다. 음반회사들이 연예인 기획사가 된 것처럼, 출판사도 저자들을 매니지먼트하는 회사로 나아가야 한다는 것이다. 더불어 대학에서 겸임교수직도 겸하고 있는 그는 제자들의 육성에 마음을 쏟고 있다고도 했다.

"요즘에는 제가 선생이 되고 싶었는지도 모르겠다는 생각도 해요. 젊은 세대와 소통하고, 그들에게 길을 열어주는 데서 큰 보람을 느껴요. 사실 이런 일은 사익을 위한 것이기도 해요. 내 편을 계속 만들면서 '우리의 영역'을 확장하는 일이니까요. 그러나 거기에서 그치면 안 된다고 생각해요. 역시 비주류에는 '명분'이 필요하니까요. 저는 출판산업을 이끌어갈 제자들을 육성하는 게 공공의 이익을 위한 것이라고도 생각합니다."

김성신 평론가의 격려와 지지로 박소진, 김정빈 등 20대 젊은 비평가들은 '956 비평연대(9N 비평연대)'를 이끌며 활발히 활동 중이다. 젊은 비평가들을 육성하면서 출판 비평이라는 영토를 확장하는 것은 사회적으로 봤을 때, 대단히 의미 있는 일처럼 느껴졌다. 책을 읽지 않는 시대란, 사람들이 그만큼 지성과 멀어지면서 다양한 비판의식이 사그라지고, 문화의 풍요로움이 일부 꺼져가는 측면도 없지 않을 것이다. 그러나 그는 한 명의 출판인으로서 그런 '문화 수호'와 '확장'에 최선을 다하고 있었다. 그러나 그의 마음은 그게 끝이 아니었다.

"저는 결혼은 했지만 자식을 가지지 않았거든요. 어쩌면 이 사회에서 제 역할을 다하지 않은 듯한 묘한 죄책감을 느끼는 것 같기도 해요. 그래서 자식뻘 되는 젊은 세대에게 제가 가진 것들을 나눠주는 데 더 열심인지도 모르겠어요."

그는 평론가 부부로 20년을 넘게 살아왔다. 젊은 시절, 국문학 연구자의 재능을 가진 아내가 그 일을 계속하길 바랐다고 한다(김성신 평론가의 아내는 국문학 연구자인 강경희 문학평론가다). 그 밖에 여러 이유에서 자식은 가지지 않기로 했지만, 그에게는 묘한 부채감이 남았다. 그의 '제자 기르기'는 그런 마음의 부채를 갚아나가는 과정이기도 하다.

나는 여기에서 다시 한번 그의 삶의 '개인성'과 '사회성'이 만난다고 느꼈다. 개인적 삶의 이유가 개인적인 삶에 그치지 않고 사회적으로도 '명분 있는' 활동으로 나아간다는 것이 놀라웠다. 모르면 몰라도, 이런 삶은 그가 그만큼 치열하게 고민하고 노력한 결과일 거라는 생각이 들었다. 치열한 반성 의식이 곧 개인적 삶과 사회적 삶이 일치하는 존재를 만든 것이다.

### 인터뷰를 마치면서

인터뷰를 마치고 나니 늦은 밤이었다. 그는 평생 아내와

서로 동지이자 후원자, 지지자로 살아왔다고 이야기했다. 출판평론가로서의 여정도 끊임없이 동료들과 서로 지지하며 '비주류 영토'를 확장해왔던 과정이라 했다. 최근에는 제자들을 육성하며 또 다른 연대를 이어가는 일에 최선을 다하고 있다.

그렇게 생각하니, 그가 투쟁이라고 한 것, 싸워서 이기고자 했다는 것은 곧 연대하고자 하는 이들의 손을 붙잡는 것이 아닌가 싶었다. 그리고 우리 시대에 그런 '붙잡음'이 얼마나 있나 생각해보게 되었다. 각자도생의 시대, 서로가 붙잡기보다는 '손절'하기 바쁜 시대에 그가 살아가는 여정이 그 자체로 큰 위안이 된다고 느꼈다. 우리가 투쟁을 해야 한다면 바로 그런 투쟁을 해야 한다고, 우리가 이겨야 한다면 바로 그런 승리를 해야 한다고 생각했다.

# 건축가 전이서의
## '이것 너머'를 꿈꾸는 마음

원래 나는 개인적으로 알고 지낸 건축가가 한 명도 없었다. 어찌 보면 당연한 일이었다. 누구도 세상 모든 직업인을 알면서 살아갈 수는 없기 때문이다. 그러다 내게도 다양한 사람들을 만날 수 있는 기회가 생겨났다. 독서 모임이나 글쓰기 모임을 하면서였다. 그런 모임들을 계기로 요즘에는 참으로 다양한 직업인들을 만나고 있다. 그럼에도 여전히 내가 아는 건축가는 단 한 명이다. 한참 건축가의 일에 대해 듣던 내가 그런 이야기를 하자, 그가 대답했다.

"원래 일반 사람들이 건축가를 만날 일은 잘 없죠. 건축이란 인생에서 이례적인 일이니까요. 그러니까 인생에 한 번쯤, 자기 집이든 사업체든 그 무언가를 건축하려고 할 때, 인생의 정말 큰 꿈을 가지고 만나게 되는 게 건축가인 셈이죠."

그는 내가 유일하게 알게 되어 어느덧 몇 년째 인연을 이어가고 있는 전이서 건축가였다. 나는 인터뷰 프로젝트를 처음 구상할 때부터 그와 한 번쯤 인터뷰해보고 싶다는 소망을 갖고 있었다. 그 이유는 내가 유일하게 알고 있는 건축가여서만은 아니었다.

그는 최근 세계 3대 디자인 어워드로 평가받은 독일 'iF 디자인 어워드 2023' 건축 부문에서 최고상$^{Gold\ Trophy}$을 수상했다. 그런데 수상한 그 건축물이 흥미롭다. 건축물 이름은 '누리봄다 함께 키움센터'라는, 아이들을 위한 일종의 아동복지 시설인 공공건축물이다(이 건축물은 대한민국공간문화대상을 동시에 수상하기도 했다). 그 이전에도 나는 그와 함께 했던 '세상의 모든 청년' 프로젝트에서 그가 보호종료아동(자립준비청년)이 사는 시설에 대해 예리하고도 따뜻한 시선을 보여주었던 걸 기억하고 있었다. 모르면 몰라도, 그의 건축에는 사람을 위한, 아이들을 위한, 세상을 위한 무언가가 있지 않을까 막연히 생각하고 있었다.

하지만 인터뷰를 하고 싶었던 이유는 그것 때문만도 아니었다. 그는 자기만의 건축사무소를 차리고 20여 년째 운영해

오면서, 대학에서 겸임교수로서 건축학도를 가르치고 있었다. 그와 동시에 두 아이를 키운 어머니였고, 한때는 암 투병을 하면서도 일을 손에서 놓지 않은 열정을 지닌 사람이었다. 그 모든 게 내게 참으로 이례적인 일로 느껴졌다. 우리나라에서는 여성이 수십 년간 아이를 키우면서도 자기만의 경력과 성취를 이어온다는 게 쉬운 일이 아니었기 때문이다.

나는 어째서인지 그 마음을 꼭 듣고 싶다고, 들어야겠다고 생각했다. 살아가면서 세상의 어떤 마음은 반드시 들어야만 한다. 나는 그 마음이란 마냥 '순탄한 마음'보다는 많은 장애물과 어려움을 어떻게든 이겨낸 일종의 '치열한 마음'이라고 느낀다.

"일이든 육아든, 저는 선택의 문제라고 생각한 적이 없어요. 전부 다 그저 내가 해야 할 일이라고 생각해서 '다 잘할 방법'을 찾았죠. 그래서 다 하면서 살았어요."

## 건축을 짝사랑하는 마음

"저에게 건축은 짝사랑 같아요."

전이서 건축가에게 건축이란 무엇인지 물었을 때, 그가 가장 먼저 했던 말이다. 나는 자기가 원하는 일을 해나가는 어떠한 사람에게서도 그런 말을 들은 적이 없었다. 대부분의 사람은 자기가 하는 일을 이미 '자기 것'이라고 믿는다. 그러나 전이서 건축가에게 건축이란, 아직도 더 답을 찾아야 하는 그 무언가처럼 느껴졌다.

"중학교 2학년 때, 처음 건축물에 대해 무언가를 '느꼈던' 순간을 여전히 생생하게 기억하고 있어요. 당시는 서울에 그다지 근사한 건축물들이 많지 않은 시대였는데, 서울 시내의 몇 개 건축물을 보고, 순간 마음이 열리듯 무척 큰 감동을 받았어요. 그리고 어쩐지 저 몇 개의 건축물들은 한 사람의 작품이 아닐까, 생각했죠. 당시에는 인터넷도 없어서 바로 정보를 얻을 수 없었는데, 나중에 알고 보니 정말 한 건축가의 건물들이 맞았어요."

돌이켜보면, 나는 어릴 적에 특정 건물을 보고 그렇게까지 감동을 받은 적이 없는 것 같았다. 물론 멋지다 싶은 건축물을 보긴 했지만, 미적으로 압도되거나 큰 감동을 느낀 적은 기억나지 않았다. 그보다 내가 크게 감동한 대상은 주로 '이야기'들이었다. 그러니까 글을 쓰는 사람은 글에, 음악을 만드는 사람은 음악에, 건축을 하는 사람은 건축에 감동받는 결정적인 순간이 있는 것이다. 어찌 보면 당연한 일인데, 나는 건축에 감동받은 한 소녀를 떠올리는 게 낯설게만 느껴졌다.

"그때부터 10대 내내 막연히 건축가가 되고 싶다는 꿈이 있었어요. 사실 부모님은 제 마음을 전혀 모르셨기에, 덜컥 건축학과에 가겠다고 했을 때 엄청 반대하셨죠. 건축같이 험한 일은 여자가 하는 게 아니다, 부터 여자는 여대를 나와 부잣집에 시집을 가는 게 최고다, 같은 생각을 갖고 계셨죠. 결국에는 경제학과를 가긴 했지만, 저는 몰래 대학 시절 내내 건축 공부를 했어요."

부모님 때문에 꿈을 꺾는 게 아니라, 다른 학과를 가서도 몰래 건축 공부를 할 정도의 열정이라는 게 영화나 소설에서의 일처럼 느껴졌다. 나는 그 마음의 힘이 정말이지 궁금했다. 그렇게까지 건축을 하고 싶은 마음, 그것에 대단한 이유가 있지 않을까 '조금' 집요하게 물었다. 그러나 전이서 건축가는 웃으면서 다시 중학생 때 이야기로 되돌아가곤 했다. 그때 나는 깨달았다. 사실 청춘 시절 우리를 사로잡는 마음에는 거창한 이유가 필요 없다. 단 한순간이면 된다. 도시를 돌아다니다가 나를 사로잡는 어느 건축물 앞에서의 황홀함, 그와 같은 한순간의 힘이 우리 삶을 이끌어간다.

"저는 아직도 건축을 짝사랑하는 것 같아요. 뭐랄까, 저 멀리서 손짓하는데 계속 저에게 답을 안 주는 것 같달까요. 남자는 한 번도 짝사랑해본 적 없는데, 건축은 아직도 짝사랑 중이에요."

## 현실을 이겨내는 마음

"한때는 마치 하느님이 건축은 내가 가지 말아야 할 길이라고 계속 사인을 주는데도 스스로 고집을 부리는 것처럼 느껴졌어요."

어릴 적 본 건축물을 좇아 건축가의 길을 택하는 삶이란 참으로 낭만적이다. 그러나 당연하게도 전이서 건축가가 겪어온 삶은 현실 그 자체이기도 했다. 그는 대학 시절 경제학을 전공했지만, 전공과 무관하게 건축 공부를 이어갔다. 그렇게 졸업할 때 택한 곳도 경제학과 관련된 회사가 아닌, 건축설계 사무소였다.

"처음 들어간 건축설계 사무소에서 8년 정도 일했어요. 그 뒤에도 계속 일을 했는데, 일하면서도 승진 등에서 불이익을 당할 때가 많았어요. 학부를 건축학과를 안 나오다보니 성골도 진골도 못 되는 육두품 같았달까요. 이후 건축학과 대학원을 다니면서 아이도 낳고, 13년 정도 실무에서 일을 했죠."

당시에는 아이 문제를 회사에 이야기하기 어려운 분위기였다고 한다. 그 시대 일하는 여자들은 '미친년 널뛰듯 살았다'고들 했다. 아이들이 커나가면서는 주변에 일하는 여성 동료들도 거의 남지 않았다. 그는 13년 정도의 실무를 끝내고, 건축가로서는 다소 늦게 자기만의 사무소인 '전아키텍츠 건축사사무소'를 차렸다.

"여자 후배들이 저에게 종종 여성 선배 건축가의 롤 모델이다, 같은 이야기를 해요. 그런데 사실 제가 그렇게 잘한 건 없어요. 그냥 살아남은 거죠. 생존하기가 되게 어렵고, 생존한 것만으로도 누군가는 롤 모델로 여길 수도 있는 그런 나

263

이가 되었구나, 싶어요.”

그는 건축사무소를 운영하면서도 계속 '하느님이 일을 그
만두라는 사인'을 주는 것처럼 느꼈다고 했다. 일을 따내는 것
도 쉽지 않고, 학부에서 건축을 전공하지 않았다는 점이 걸림
돌이 되어 건축계에서 입지를 쌓아가기가 어려운 순간들이 계
속 있었다. 어떤 탈락이나 거절의 순간들을 거치면서, '내가
좋아한다고 계속하는 게 맞는 건가?' 하는 생각을 끊임없이
했다.

“내가 좋아한다고 계속하는 게 맞는 건가? 일을 해오면서
그런 생각을 많이 했어요. 죽을 만큼 열심히 하는데도 계속
답이 오지 않는 느낌이었달까요. 그런데 그렇게 버려온 세
월도 어느덧 30년이 넘었네요.”

그러다 5년 전, 전이서 건축가에게 암이 발견되었다. 어머
니가 돌아가신 지 겨우 2주 뒤의 일이었다고 한다. 그는 드디
어 일을 완전히 그만두어야 할 때인가 고민했다. 하느님이 드
디어 결정적인 사인을 준 것일지도 모른다고 생각했다.

"하지만 암이 발견되었다고 해서 일을 그만두고 싶진 않았어요. 그때 일을 그만두면 그냥 은퇴가 되어버린다고 생각했어요. 그러기엔 너무 이른 나이인데, 나는 아직 답을 못 찾았고, 답을 못 들었다고 느꼈어요. 그리고 그때 즈음에는 비로소 공공건축 분야에서 좀 입지를 쌓아갈 때였고, 의뢰도 들어오고, 결과도 나오던 때였거든요. 그래서 암은 암이고, 일은 일대로 하는 데까지 해보자고 생각했어요."

암을 완전히 치료하는 데는 2년 정도가 걸렸다. 몸이 이전처럼 회복된 건 4년여가 지나서였다. 그동안 그는 계속 일했다. 하느님의 사인을 의심하면서, 그 무언가에 '도달'하고자 했다. 자기가 삶과 마음, 온몸을 들여놓은 이 건축이라는 분야에 그 어떤 '답'이 있다고 믿었다. 그리고 다음 해, 그는 독일 'iF 디자인 어워드 2023' 건축부문에서 최고상을 수상했다.

### 건축을 이어가는 마음

무슨 일이든 그 일을 하기 전과 일을 하고 나서 알게 되는 풍경은 다르다. 흔히 사람들은 이를 '현실과 이상의 괴리'라고 부르곤 한다. 그런데 때로 이런 이야기는 '꿈을 꿀 필요가 없다'라든지 '꿈을 포기해도 좋다'라는 체념으로 이어질 때도 적지 않다. 그러나 누군가는 현실과 이상이 다르기 때문에 집요하게 그 틈을 좁혀가려고 애쓰기도 하고, 현실을 마주하며 이상을 더 정교하게 수정해가기도 한다.

"건축가에도 여러 종류가 있는데, 요즘 저는 일종의 공공건축가로 일하고 있어요. 건축 자체에는 공공성이 있어요. 건축학과에서 학생들이 설계를 할 때 교수들이 항상 요구하는 게 바로 공공성이죠. 학생들은 그것 때문에 되게 힘들어하기도 해요. 사회에는 무수한 결핍과 문제들이 있기 마련인데, 그 결핍을 어떻게 건축이 해결하거나 완화시킬 수 있을지를 항상 고민합니다."

나는 그 이야기를 듣고 속으로 깜짝 놀랐다. 그 이야기만 듣고 무슨 말인지 알 것 같았기 때문이다. 우리가 살아가는 대부분의 공간은 자연 상태의 공간이 아니라, 건축과 설계가 개입한 인공적인 공간이다. 우리가 사회에서 겪는 외로움, 갑갑함, 신체적인 어려움, 여러 감정과 결핍들은 우리가 어떤 공간에 들어서는지에 따라 때론 '해결'될 수 있는 것이다.

"저는 사회적인 문제들을 어떻게 건축이 해결할 수 있을지를 고민해요. 건축은 그런 결핍을 해결하기를 늘 요구받죠. 특히, 저는 학교 공간을 설계하면서 정말 많은 고민을 해요. 저는 대학생 이전의 아이들이 성장할 때는 국가가 절대적으로 해줘야 할 게 있다고 믿어요. 아이들이 좋은 공간에서 좋은 마음으로 혜택을 받고 자란다면, 그 아이들이 그 혜택을 커서 사회에 환원할 거라 생각합니다. 그래서 학교 공간, 교육 공간 같은 것들이 정말로 좋은 환경을 갖추어야 한다고 생각해요. 전 세계 어디든 낙후된 마을에 그런 공간, 센터 하나만 잘 들어가도 아이들은 행복하게 커요."

서울교육청은 2017년부터 '학교 공간 재구조화' 사업의 하나로 '꿈을 담은 교실(꿈담교실)' 프로젝트를 진행하고 있다. 전이서 건축가도 일종의 교실 리모델링 사업인 '꿈담교실'에 참여한다. 아이들은 집에 가기 싫다고 할 정도로 이런 공간을 좋아한다. 'iF 디자인 어워드 2023'을 수상한 '누리봄 다 함께 키움센터'도 마찬가지다. 방과 후 초등학생 등을 위한 이 공간에 방문한 심사위원들은 아이들이 자연스럽게 책을 읽고 공간을 사랑하는 모습에 감명받았다고 한다.

"건축가가 되기 전에는 건축의 '공공성' 같은 건 생각하지도 못했어요. 그러나 막상 건축을 하려고 하니 이 개념을 결코 놓을 수 없다는 걸 깨달았죠. 어릴 적엔 막연히 아름다운 건축을 하고 싶었다면, 지금은 '좋은 건축'을 하고 싶다는 마음이 있습니다. 그런 기준에서는 여전히 부족한 느낌이에요. 더 좋은 건축을 여생 동안 하고 싶어요. 욕심이라면, 이 사회의 진보와 새로운 시대의 사람들을 위한 그런 건축을 하고 싶어요. 늘 '이것 너머'를 꿈꾸죠."

전이서 건축가는 항상 이상을 놓지 않으면서도, 온갖 현실의 일들을 끌어안으며 그 이상으로 한 걸음씩 다가가는 것처럼 느껴졌다. 현실을 충분히 인정하고 감내하면서도 쉽사리 타협하지 않고 항상 '현실 너머'에 대한 이상을 놓지 않는, 그런 현실주의와 이상주의의 결합이 놀랍게 느껴졌다. 그의 하느님이 하고 싶었던 말은 '그만두라는 사인'이 아니라, 남들처럼 쉽사리 포기하지 말고 집요하게 이상과 현실의 간격을 '좁혀가라는 사인'이었을지도 모른다.

## 이상의 조각을 심는 마음

"매번 프로젝트를 할 때마다 제가 생각하는 이상들을 집어 넣어요. 일종의 사회의 이상 같은 것들을요. 이 사회의 결핍이 이 건축의 어떤 부분에서는 해결될 수 있기를 바라는 거죠."

건축가란 항상 결핍이 있는 세상의 빈틈을 메우는 이상주의자가 아닐까, 하는 생각이 들었다. 적어도 그 건축 공간 안에서는 누군가가 완벽한 경험을 할 수 있기를 바라는 것이다. 그렇게 건축가는 아이들과 사람들에게 '이상'이 무엇인지 알게 하고, 느끼게 하는 직업 같다는 생각이 들었다. 그렇게 사람들은 어느 건축에서 이상을 경험하고, 어떤 사람들은 이 사회를 이상에 더 가까운 '좋은 사회'로 만들어가게 될지도 모를 일이다.

전이서 건축가의 말을 정리해보면, 건축가란 관련 일을 하는 경우가 아니라면 우리가 일생에 한 번 만날 일이 있을까 말까 한 사람이다. 내 집이나 내 사업의 건물을 지을 일이 누구에게나 있는 건 아니기 때문이다. 그런데 만약 그때가 온다면, 우리는 건축가에게 우리의 '이상'을 이야기하게 될 것이다. 그렇지 않더라도, 건축가는 우리가 드나드는 곳에 이상의 조각들을 뿌려놓는다. 항상 불완전하고 결핍된 우리 삶이 어느 한순간에라도, 더 온전한 경험들로 채워지길 바라면서 말이다.

나는 매번 그런 이상에 다가가면서도 치열하게 현실을 살아내는, 한 현실적 이상주의자의 이야기를 바로 앞에서 들을 수 있어서 무척이나 감격스러웠다. 내 삶에도 포기하지 않는, 내 삶의 이상이자 이 사회에 대한 이상이 때론 겹치는 순간의 조각들이 이어졌으면 했다. 나도 그런 삶을 살고 싶다고 생각했다.

"어쩌면 저는 기적을 꿈꾸는지도 몰라요. 좋은 건축이란 기적과 같죠. 좋은 건축주, 좋은 설계, 좋은 시공사 등 모든 게 잘 맞아야만 기적같이 '좋은 건축물'이 완성되니까요. 이번에 'iF 디자인 어워드 2023'을 수상했을 때도 일종의 기적을 만난 느낌이었어요. 나의 작업이 온전히 심사위원들에게 전달되었구나, 그런 기쁨이 정말 컸죠. 건축을 하는 건 그런 기적들을 만나며 살아오는 일인 것 같아요. 여전한 소망이 있다면, 가슴에 '쿵' 하는 감동이 이는 건축을 하고 싶다는 거예요."

한 분야에서 30년간 일해온 한 경력자가 그런 소망을 지닐
수 있다는 건 얼마나 기적 같은 일인지 생각했다. 그는 마치 죽
지 않는 소녀를 마음속에 지닌 사람 같았다. 나도 모처럼 내 안
의 소년이 죽지 않았기를, 또 죽지 않기를 소망했다. 전이서의
'이상의 조각을 심는 마음'이 내게도 이어가길 바랐다.

# 힙합 저널리스트 김봉현의
# 그냥 하는 마음

"그냥 내가 하고 싶은 일이고, 해야 할 일이니까 했습니다.
20년 동안."

김봉현 힙합 저널리스트와 인터뷰를 이어가면서, 내 귀에 꽂히듯 들어온 말이었다. 그는 지난 20여 년간 힙합 저널리스트로 활동하면서 20여 권의 책을 출간했다. 《힙합과 한국》, 《밀리언 달러 힙합의 탄생》, 《힙합: 블랙은 어떻게 세계를 점령했는가》를 비롯하여 대부분 힙합에 관한 책이지만, 《김봉현의 글쓰기 랩》, 《오늘도 나에게 리스펙트》 등 다양한 분야의 에세이도 있다.

김봉현 작가와의 인연은 몇 년 전으로 거슬러 올라간다. 그는 내가 쓴 《분노사회》를 무척 인상적으로 읽었다면서, 내게 자신의 책에 실을 대담을 요청해왔다. 나는 그에 응하면서, 그와 우리 사회와 문화에 대한 깊은 이야기를 나누었다. 이후 김봉현 작가와 나의 대담이 실린 《힙합과 한국》이 출간되었다. 나 또한 《우리는 글쓰기를 너무 심각하게 생각하지》라는 책에서 그의 글을 인용하기도 했다.

그렇게 글과 말의 인연이 이어지는 동안, 내게는 삶의 여러 변화가 있었다. 사는 곳도 여러 번 바뀌었고, 로스쿨에 입학하여 수험 생활을 했으며, 여러 직장을 거치기도 했다. 그런데 그동안 그는 '힙합 저널리스트'라는 이름으로 계속 글을 쓰며 일관된 삶을 살아내고 있는 듯 보였다. 내게는 마치 그가 마을 어귀에 자리 잡은 오랜 은행나무처럼 느껴졌다.

나는 문득 그 마음의 힘이 너무도 궁금했다. 불안과 방황, 여러 고민을 거쳐가며 삶의 다소 복잡한 궤적을 그려왔던 나에 비해, 그는 흔들림 없이 자기의 오랜 길을 나아가고 있는 듯 했다. 나는 그 길과 마음에 대해 들어야겠다고 생각했다. 그는 흔쾌히 그에 응해주었다.

**좋아하는 일을 그냥 하는 마음**

"이상하게 저한테는 10대 때 기억이 별로 없어요. 어느 날

274

왜 그런지 가만히 생각해봤더니, 스무 살 이전에는 제가 '자기 자신'으로 살지 못했기 때문이었던 것 같아요. 그냥 모범생으로 살았던 거죠. 부모님, 선생님 말 잘 듣고 공부 열심히 하는 모범생이었습니다. 그러나 제가 무엇을 하고 싶은지는 몰랐죠."

그러다 그는 스무 살이 되었을 때부터 자유롭게 음악에 빠져들었다. 특히 윤종신의 〈우〉, LL Cool J의 〈Mr. Smith〉가 그에게 커다란 영향을 미쳤다. 그는 비로소 자신이 무엇보다 음악을 사랑한다는 걸 깨달았다. 그때부터 그의 마음에는 거칠 것이 없었다. 그는 자기가 좋아하는 '음악이 있는 삶'의 일방통행로로 들어섰다.

"대학생이 되어서부터는 그냥 '나의 시간'을 살았어요. 10대 때는 부모님이나 선생님 같은 타인들의 마음에 들고자 하는 삶을 살았다면, 20대 때부터는 전혀 다른 삶이 되었던 거죠. '세상의 시간' 같은 건 더 이상 제게 들어오지 않았어요. 대학 동기들이 지망했던 대기업에도 원서 한 번 넣은 적이 없었죠."

그의 20대 이야기를 들으니 나의 20대가 떠올랐다. 나도 그와 비슷한 청춘을 보냈다. 나는 음악 대신 문학과 철학에 빠졌다. 그는 스무 살 때부터 음악 웹진에 글을 보내어 음악 평론을 쓰는 필진이 되었다고 했다. 대학생 때 이미 '멜론', '벅스' 같은 스트리밍 서비스에 글을 쓰기도 했다. 나도 대학생 때부터 책을 썼다. 여러 면에서 나는 그와 닮은 듯 느껴졌다. 그러나 한 가지가 결정적으로 달랐다.

"그렇게 살면서 딱히 불안하지는 않았어요. 제가 엄청 단단해서라기보다는, 그냥 불안에 대한 인식 자체를 잘 하지 못했습니다. 일종의 '터널 시야'라고 해야 할까요. 저는 그냥 제가 좋아하는 일을 알았고, 그것을 했을 뿐이었어요. 15년 동안 그저 계속 그렇게 한 길을 걸어왔습니다."

나는 20대 내내 문학과 철학을 공부하고 하루도 빠짐없이 글을 썼지만, 내게는 늘 불안이 달라붙어 있었다. 그 불안을 이겨내기 위해 더 악착같이 책을 읽고 글을 썼다. 그러나 김봉현 작가는 '불안을 느낀 적이 없다'고 했다. 나는 그것이 너무도 놀라웠다. 그는 그저 자기의 세계를 밀어붙였다.

"글쓰기 모임을 여러 차례 진행하면서, 사람들이 불안에 대해 많이 썼고, 저도 그 덕분에 사람들의 불안을 많이 알게 되었죠. 그런데 그 불안의 원인이라는 것이 다 똑같아 보였습니다. 자기 자신을 잘 모르기 때문이었죠. 그게 어떤 능력 부족이라기보다는, 내가 누군지 알아야 할 시간에 다들 시간과 에너지를 못 쓰며 살고 있었던 거죠."

그는 그러면서 행복과 안정의 키는 "나 자신을 정확하게 아는 것"이라고 말했다. 그는 스무 살 이후의 삶이 상당 부분 혼자 있으면서 자기 자신을 '생각'하는 것이었기 때문에, 자기 자신을 계속 알아왔고, 안정적으로 살아올 수 있었던 것 같다고 했다.

그의 말은 상당히 흥미로웠다. 우리는 스스로에 대해 깊이 생각하지 못하기에 때론 막연한 불안에 시달린다. 그러나 혼자서 가만히, 깊이 생각을 이어나가고, 그 생각을 글로 써내다 보면, 어느덧 불안은 사라진다. 우리가 자기 자신을 알수록, 불안은 우리를 집어삼킬 수 없다. 막연한 불안은 샤워하는 동안 거울에 낀 김과 같다. 자기 자신에 대한 성찰은 그 김을 닦아내는 수건이다. 그러고 나면 거울 앞에 선 자기 자신이 보인다. 그는 자기 자신에 대해 알았다. 자신이 무엇을 좋아하고, 무엇을 해야 할지 알았다. 그래서 그의 거울에는 김이 서리지 않았다.

## 경쟁하지 않고 대체 불가능한 사람이 된다는 것

"2000년대 초반에 글을 쓰기 시작했어요. 저와 일종의 데뷔 동기인 뮤지션들이 더콰이엇, 팔로알토 같은 래퍼들이죠. 당시에는 힙합이 지금처럼 인기도 없었고, 랩을 해서 먹고 살겠냐고 하던 시절이었죠. 그런데 한 10년, 20년 정도 하나에 매진하다보니까 래퍼들도 성공했고, 저도 나름대로 자리 잡고 살게 된 거죠."

'꾸준함'이 화두인 시대다. 그 이유는 그만큼 꾸준함을 보기 힘들기 때문일 것이다. 한 회사에 오래 다니는 사람도 드물어졌고, 한 사람과 오래 연애하는 사람도, 자기만의 일을 장인정신으로 오래 해내는 사람도 보기 힘들다. 반대로, 블로그에 글을 몇 번 써봤다가 닫은 사람, 유튜브를 몇 달 해봤다가 접은 사람, 소개팅 어플로 수많은 일회성 만남을 해본 사람은 수도 없이 많을 것이다.

나도 여러 삶의 궤적들을 거쳐오면서 글 쓰는 일만큼은

'꾸준히' 해왔지만, 꾸준함에 있어서 김봉현 작가 앞에 명함을 내밀긴 어렵다고 느꼈다. 그의 꾸준함은 그야말로 외길의 꾸준함, 오랜 장인정신의 발현, 일방통행로에서 다른 샛길로는 간 적 없는, 정말이지 '드문' 경우로 느껴졌기 때문이다.

> "생각해보면, 음악 이야기를 하면서도 글 쓰는 것보다는 술 마시는 거 좋아하는 사람들도 있었죠. 그러나 책 한 권 안 내면서 맨날 술만 마시고 말만 하는 사람들한테 배울 건 없다고 생각했어요. 저한테는 그냥 제 앞에 놓인 길이 있었는데, 음악에 대해 계속 제대로 된 글을 쓰고 책을 내는 것이었어요. 그렇게 내가 해야 할 일을 하면, 언젠가 내게 맞는 '리스펙트'도 얻을 수 있을 거라 생각했죠."

그의 이야기를 들으면서 때로는 나의 거울을 보는 듯 느껴지기도 했다. 나도 꼭 그와 같은 생각을 했던 적이 있었기 때문이다. 20대 때 나 또한 모여서 술 마시면서 세상에 대해 온통 잘 아는 것처럼 떠드는 것보다는, 그 시간에 나의 글과 책을 쓰고 진짜 지식과 실력을 쌓는 게 맞다고 생각했던 터였다.

> "누군가와의 경쟁의식보다는, 그냥 그렇게 나의 일을 해야

한다고 생각했어요. 저 자신한테 떳떳한 게 가장 중요했죠. 남들보다 더 열심히 하거나 게으르거나 하는 게 중요한 건 아니었어요. 내가 이 직업 전선에서 스스로 생각하기에 별 볼일 없는 사람이고 싶진 않았어요. 그저 나 자신인 사람이고 싶었어요. 누구와 비교해서가 아니라, 그냥 대체 불가능한 나의 세계를 쌓고 싶었어요."

그는 현재 힙합 저널리스트로서 우리나라에서 확실히 대체 불가능한 위치를 점하고 있다. 누구도 힙합에 대한 책을 스무 권 가까이 써내진 못했다. 《에스콰이어》 등 주요 매체에 칼럼을 꾸준히 기고해오고 있고, 주요 아이돌 엔터테인먼트에서 연습생들도 가르치고 있다. 음악적으로 우리나라에서 가장 권위 있는 한국대중음악상, 한국힙합어워드의 선정위원으로도 활동해왔다. 유튜브 채널 〈REP TV〉의 '랩 게임 토크' 콘텐츠를 담당하며 더콰이엇, 스윙스, 다이나믹 듀오 등 주요 래퍼들을 인터뷰한 것으로도 유명하다.

"저는 지금도 뭔가를 좋아해서 하는 게 너무 맞다고 생각해요. 오히려 가끔씩 그렇지 않은 사람들을 보면 낯설 때가 있어요. 누가 옳다 그르다가 아니라, 저는 그냥 그런 사람인 거죠. 제가 좋아하는 일을 그냥 하는 사람."

## 확장해가는 삶

김봉현 작가가 그동안 살아왔던 삶은 확실히 '일방통행로'가 맞아 보인다. 많은 사람이 셀 수 없는 선택지 사이에서 너무 많이 고민하고, 끊임없는 방향 전환을 고민할 동안, 그는 자기만의 길을 달렸다. 그런데 그 일방통행로가 영원한 1차로는 아닌 듯하다. 그의 이야기를 들어보면, 그 길은 2차로로, 3차로로 점점 확장되고 있는 듯했다.

"최근 일본 뮤지션과 우리나라 뮤지션들 사이에서 일종의 에이전시 역할을 하고 있어요. 더콰이엇 등 래퍼들과 나고야의 일본 힙합 페스티벌에 참여하기도 했습니다. 그 뒤로 일본 뮤지션들이 한국에서 활동하고자 하는 일이 있으면 중간에서 도와주기도 합니다. 대표적으로 일본 싱어송라이터인 토미오카 아이의 한국 활동을 이어주기도 했죠."

최근 토미오카 아이는 새 싱글 〈グッバイバイ(Good bye-bye)〉로 무척 화제가 되고 있는 뮤지션이다. 각종 플랫폼에서 수

백만 조회수를 기록했고, 우리나라에서도 버스킹을 한 것으로 유명하다. 힙합 저널리스트인 김봉현 작가가 그의 한국 활동을 도와주는 에이전시 역할을 하고 있다는 게 신기하기만 했다.

"시작은 다 말하자면 '무작정'이었어요. 일본 래퍼들과 연을 맺게 된 것도 무작정 이메일을 보내면서였고, 토미오카 아이에게도 무작정 SNS 메시지를 보내면서 인연이 생겼죠. 그렇게 일본 뮤지션들의 한국 음악 페스티벌 참여를 주선하기도 하고,《보그 코리아》인터뷰를 하기도 했죠."

그는 원래부터 일본 문화를 좋아했다고 한다. 그의 작업실에 처음 들어갔을 때, 나는 깜짝 놀라서 탄성을 내질렀다. 연남동에 위치한 그의 작업실에는 수많은 LP판, 책, CD, 게임기 등으로 가득 차 있었다. 마치 '문화 박물관'을 방불케 했다. 상당수가 일본 문화의 산물이었다.

"최근 저는 '넷플연가'에서 일본 드라마 모임을 열고 있어요. 일본 문화를 좋아하다보니 이제는 일본 뮤지션들과 일도 하고 있죠. 이것도 어떻게 보면 제가 좋아하는 일을 그냥 하고 싶어서 무작정 하게 된 거죠. '힙합 일'이라는 큰 틀에서 많이 벗어나진 않지만, 그렇게 조금씩 나의 일이 확장된다고 느껴요."

나는 그에게 일본어를 그렇게 잘하냐고 했더니, 그는 그것도 아니라고 했다. 통번역 앱을 쓰거나 통역가의 도움을 받아 일을 하며, 일본어를 그저 열심히 배우고 있다고 했다. 그는 확실히 마음을 따르는 사람 같았다. 흔히 일본과 관련된 일을 하려면 당연히 일본어를 완벽하게 구사해야 한다고 생각한다. 그러나 마음을 따르다보면, 생각보다 완벽할 필요가 없었다는 걸 깨닫게 된다. 일은 마음이 하는 것이지 완벽주의가 해내는 것이 아니다.

"저는 뭔가를 업으로 삼으려고 할 때, 그 업 자체를 좋아해야 한다고 여전히 생각해요. 제가 작업실에 이렇게 온갖 것들을 아카이빙하는 것도 이 모든 것을 좋아하기 때문이죠. 과거에 매달려 있는 것도 아니고, 그냥 현재의 마음입니다. 저는 10년 뒤에도 그저 제가 좋아하는 걸 하고 있었으면 해요."

## 그럼에도 열려 있는

그와의 인터뷰는 시간 가는 줄 모르고 이어졌다. 만약 다중우주론이 사실이라면, 다른 우주에서 나는 김봉현 작가처럼 살고 있었을지도 모르겠다고 말했다. 그는 자신도 지금의 삶이 좋아서 이렇게 살고 있지만, 미래의 자신이 다른 것을 좋아하게 되면 그쪽으로 갈 것이라고 했다.

"20년간 이렇게 살아왔지만, 어쩌면 바로 내일부터 다른 삶을 살지도 모르겠다고 생각해요. 이를테면, 사랑 같은 것이 나를 바꿀 수도 있지 않을까, 그런 생각을 하기도 하죠. 저는 지금의 삶이 좋다고 믿으며 살고 있지만, 나의 무의식은 내 삶을 완전히 바꿔줄 어떤 운명의 존재를 기다리고 있을지도 모르죠. 미래는 알 수 없는 것이니까요."

나는 그런 그의 태도가 좋았다. 꾸준함과 일관성이 곧 폐쇄성이나 닫힘을 의미하는 건 아니다. 오히려 다른 가능성에 계속 열려 있는 것이 진짜 꾸준함의 힘일지도 모른다. 그러니까, 그의 길은 일방통행로가 아니었을 수도 있다. 거기에는 무수한 갈림길이 있었지만, 그래도 그는 그냥 직선의 길이 좋아서 그리로 왔던 것이다. 그러나 어느 갈림길에서, 멀리 보이는 수평선이, 오는 길가에 선 어느 여행자가 그에게 손짓하고, 그는 어느 날 그 길로 꺾어 들어가는 걸 좋아하게 될지도 모를 일이다. 그 열려 있음이야말로 우리를 진짜 강하게 하는 것일지도 모른다.

그의 작업실을 나서면서, 나는 언제까지나 그가 자신이 좋아하는 삶을 살며, 자기가 좋아하는 길을 걸으리라고 믿을 수 있었다. 그의 현재는 항상 그의 마음에 의해 승인받고 있을 것이다.

# 세바시 PD 구범준의
# 의미를 좇는 마음

"저에게 〈세상을 바꾸는 시간 15분〉(세바시)은 지금 제 삶에서 가장 복잡한 존재예요. 내 자식 같기도 하고, 내 삶의 의미이기도 하고, 소중하면서도 힘들기도 한 그런 존재죠."

강연 기획과 송출, 회사 운영 등 전천후 역할을 하고 있는 구범준 PD를 만났다. 여러 일정을 소화하느라 바쁜 그를 간신히 만난 것이었다. 그날도 그는 인터뷰가 끝나자마자 강연 촬영과 연출을 위해 이동해야 하는 상황이었다. 15분짜리 강연을 시청하는 입장에서는, 그 이면에 얼마나 복잡하고 수많은 일들이 펼쳐지는지 쉬이 예상하기 어렵다. 실제로 '세상을 바꾸는 시간 15분'은 20여 명의 직원들이 바삐 일하는 주식회사의 이름이기도 하다.

개인적으로 나는 지금으로부터 거의 10년 전 세바시에 출연한 적이 있다. 그것은 내게 '방송' 데뷔나 다름없던 자리이기도 했다. 사실상 처음 방송국에 가서 제작진으로부터 강연에 대한 코칭과 격려를 받을 때, 아직 20대였던 내 눈엔 그곳의 모든 사람들이 대단한 프로처럼 보였다. 그 중심에 구범준 PD가 있었고, 그로부터 10년쯤 지나서야 나는 그의 이야기를 들으러 갈 용기를 낸 셈이었다.

어떤 세계를 만들고 10년 이상 이어온 사람에게는 반드시 귀담아들을 이야기가 있다. 더군다나 그야말로 '세상을 바꾸는' 무수한 시간들을 만드는 일을 전두지휘한 한 사람에게서라면, 말할 것도 없다. 나는 그가 그 시간을 이어올 수 있었던 마음의 힘이 궁금했다. PD로서, 한 회사의 대표로서, 그리고 한 사람으로서 그가 만들어온 시간에 대해 듣고 싶었다.

**결핍 속에서 자기의 길을 만들다**

"재밌는 얘기 하나 들려드릴게요. 사실 처음 PD로 입사했을 때, 거의 3년 정도 제대로 일을 못했고, 제대로 월급도 못받았습니다. 요즘 같으면 상상하기 힘든 일이죠. 합격자 발표가 나기 한 달 전에 IMF가 터졌고, 저는 수습만 마친 후 무기한 대기발령을 받았습니다."

그는 자신이 아마도 기자나 PD 중에서는 유일하게 '수습 생활'을 두 번 한 경우일 거라 말했다. 기자들의 수습 생활이 어떠한지는 널리 알려져 있다. 반년간 경찰서 등에서 먹고 자면서 열악한 생활을 하는 게 그 시대의 '수습기자' 생활이었다. 그는 PD로 입사했지만, 당시 CBS의 특성상 '경찰기자' 수습 생활을 했다. 그렇게 첫 수습 생활을 마쳤지만, IMF로 인해 정식 PD 발령을 받지 못한 채 한참을 기다렸다.

"그때 저는 CBS 뉴스 인터넷 홈페이지를 만들었어요. 당연히 회사에서 시킨 것도 아니었고, 회사 소유의 홈페이지도 아니었죠. 그냥 홈페이지를 만들어서 CBS 뉴스 모니터링 기사를 올리고, 동기들이랑 칼럼을 쓰기도 했습니다. 수습들끼리 그러고 있는데, 어느 날 한 언론사에 '이주의 홈페이지'로 소개되었고, 그제야 선배들이 '얘네 아직 살아 있구나' 하고 인지를 했죠."

요즘 같으면 어딘지 상상조차 하기 어려운 이야기다. 회사가 공채로 합격한 직원들을 무기한 대기발령을 보내는 건 둘째 치더라도, 거기에 대한 그의 '대응'이 내겐 무척 낯설고 신선하게 들렸다. 대부분은 그런 경우 그냥 포기하거나, 법적 투쟁을 하거나, 이직을 알아볼 것이다. 그러나 구범준 PD는 그냥 '없던 길'을 만들었다. 홈페이지를 만들고 스스로 기자 겸 PD가 되었다. 나중에 그의 이야기를 들으면서 느꼈지만, 그것은 그의 삶 전체를 관통하는 태도였다.

> "그 이후에는 어찌저찌 정식 PD 발령을 받았는데, 언론노조에서 파업이 일어나고, 곧이어 우리나라 언론 역사상 최장기간 파업이 CBS에서 일어납니다. 그래서 저는 거의 3년간 제대로 된 직장 생활을 못했죠. 어찌 보면 결핍으로 시작한 직장 생활이었죠."

그는 그 시절을 '결핍'이라 표현했지만, 동시에 PD로서 엄청나게 훈련한 시간이었다고도 말했다. IMF 이후 작가나 조연출이 PD를 보조하는 시스템이 없어졌고, 대본이나 구성안 등을 모두 혼자 쓰면서 영상을 만들었다고 했다. 특히, 언론노조 파업 당시 그는 라디오 PD였음에도, 파업 홍보 '영상'을 직접 만들며 영상 만드는 능력을 쌓았다. 그 시절이 단순한 결핍의 시간이 아니라, 오히려 자신의 능력을 기른 시간이기도 했던 것이다.

이 시간의 이야기를 들으면서, 나는 한 명의 주체적인 인간이 자기만의 삶을 만드는 방식에 관해 깊이 느꼈다. 우리는 완벽한 조건 안에서 배우고 준비하고 실력을 쌓으며 완성되는 게 아니다. 오히려 어떠한 상황이나 악조건에서든 그 어둠의 장막 속에서도 필사적으로 빛의 구멍을 발견하고, 그 빛을 따라갈 때 자기 자신의 삶을 만든다. 모든 결핍은 그에 적절한 방식으로 우리를 가르친다. 바로 그런 '시작의 결핍'이 있었기에 그는 자기만의 길을 개척해간다는 것이 무엇인지 몸으로 익혔고, 자기만의 길을 나아가기 위한 능력을 쌓을 수 있었다.

### 돈으로 나를 평가해달라

"그로부터 10년 정도는 쉬지 않고 일했습니다. 그러다 세바시를 만들기 1년쯤 전이었죠. 저는 '블로규멘터리'라는 새로운 장르를 만들어보고 싶었어요. 다큐멘터리는 짧아도 4주가 걸리는 대장정의 작업입니다. 우리 팀은 그 과정을 모두 제작일지처럼 블로그에 썼어요. 용산 참사 당시 유가족은 모든 언론을 거부했지만, 오직 우리 팀만 받아주겠다고 했죠. 그렇게 유가족과 한 달간 함께하며 그 모든 과정을 '블로규멘터리'로 만들었습니다. 그렇게 만들어진 TV 프로그램 〈용산, 아벨의 죽음〉이 그해 YWCA가 뽑은 좋은 프로그램 상에서 대상을 받았죠."

구범준 PD는 당연하다는 듯 자연스럽게 이야기를 이어갔지만, 내게는 에피소드 하나하나에서 깊이 느껴지는 것이 있었다. '블로규멘터리'라는 새로운 시도도 그랬다. 나도 직장 생활을 해봤지만, 직장에 있으면 관성에 젖기 쉽다. 특히 우리나라 문화에서 '튀는 놈'은 어떻게든 욕을 먹게 되고, 결국에는 늘 하던 대로 중간만 가자는 태도가 습관화된다. 그러나 그는 직장 안에서도 자기의 창의력과 열정을 따라 끊임없이 새로운 시도를 해온 듯했다. 나는 그 힘과 용기, 추진력과 기세랄 것에서 깊이 감화받았다.

"그렇게 애써서 대상을 받았지만, 대중의 관심은 예능 프로그램 등에 훨씬 쏠려 있었어요. 그러면서 좋은 프로그램을 만드는 것도 중요하지만, 사람들에게 가 닿는 것도 정말 중요하겠다는 생각을 많이 했죠. 어떻게 사람들을 돕는 좋은 프로그램을 만들면서도, 사람들에게 널리 닿을 수 있을까 고민했어요. 그 고민의 끝에, 반년 뒤 〈세상을 바꾸는 시간

15분〉을 만들게 되었습니다.”

아마도 '세바시'를 모르는 사람은 없을 것이다. 그러나 세바시의 이런 '탄생 비화'를 아는 사람은 거의 없을 것이다. 세바시는 한 명의 PD가 무한 대기발령 속에서 혼자 뉴스 모니터링 홈페이지를 자발적으로 만들면서 자기의 추진력을 실험하고, 그 뒤 10년 넘게 자기만의 길을 찾기 위한 부지런하고 끝없는 시도 끝에 탄생한, 한 사람의 일생이자 세계였던 셈이다. 그 프로그램은 어느 날 갑자기 하늘에서 떨어진 게 아니었다.

"세바시를 2011년 5월에 만들었는데, 당연히 처음에는 반응도 없고 썰렁했죠. 그러다가 2012년 1월에 처음으로 강연장이 만석이 됩니다. 저는 국실장 회의에 들어가서 세바시를 '사내 벤처'로 만들자고 제안했어요. 다른 건 둘째 치고, 흑자를 유지하면 그렇게 해달라고 했죠. 사실, 자기를 돈으로 평가해달라고 하는 PD는 없어요. 오히려 적자니 흑자니 얘기하면 싫어하죠. 그렇지만 저는 그렇게 해서라도 세비시를 책임지고 이어가고 싶었어요."

세바시는 결국 흑자를 유지하고, 2013년 7월에 사내 벤처

293

가 된다. 그 뒤, 3년 동안 흑자를 더 유지하면서 정식 법인으로 출범했다. 보통 프로그램 PD는 3년 정도 지나면 교체되지만, 세바시가 법인이 되면서 구범준 PD는 대표를 맡게 되고, 13년째 세바시를 이어오고 있다. 그가 아니었어도 CBS는 다양한 프로그램을 만들었을 것이다. 그러나 그가 아니었다면 세바시는 없었을 것이다. 그 누구도 그와 같은 방식으로 한 프로그램을 회사로까지 만들어내진 못했을 것이다. 대개 고유한 삶이란, 그렇게 만들어진다. 세상의 틀에 자기만의 스타일이라는 재료를 섞어 전에 없던 무언가가 세상에 등장할 때, 그것뿐만 아니라 그것을 만든 삶은 모두 '고유함'의 반열에 들어선다.

### 의미를 좇는 마음

"저는 PD예요. 그러니까 콘텐츠 제작자죠. 콘텐츠를 제작하는 사람들의 마음은 다 다르겠지만, 저는 기본적으로 옳음을 추구해왔어요. 제가 생각할 때 세바시는 참 의미 있고 옳은 콘텐츠죠. 세상을 바꾸는 이 옳은 콘텐츠를 만들어왔다는 게, 제게는 삶의 의미입니다."

구범준 PD의 이야기를 들으며 내가 PD에 대한 이해가 부족했다는 걸 깨달았다. 그는 대체로 PD들, 특히나 시사교양 PD들은 나름의 '옳음'을 추구하는 사람들이라고 말했다. 돈을 많이 벌겠다거나 엄청 유명해지겠다는 마음보다는, 세상에 의미 있는 콘텐츠를 만들겠다는 마음을 가진 사람들이 PD들이라는 것이다. 듣고 보니 바로 납득되었지만 이전에는 그런 생각을 제대로 해본 적이 없었다.

"사실 세바시를 너무 오래 이어오다보니까 요즘에는 지칠 때도 있어요. 13년간 하나의 프로그램을 만들어온 셈이니까요. 작년에는 처음으로 적자를 기록하면서 고민이 더 깊어졌습니다. 그럼에도 제가 의미 있는 일을 한다는 사실이 저를 버티게 하죠. 저는 세상을 바꾸려고 PD를 해왔고, 그것이 제 삶의 의미가 되었어요."

언젠가부터 사람들을 만나면, 자기만의 '의미'를 좇는다는 사람을 찾기 어려워졌다. 다들 어떻게 더 돈을 벌 것인지, 어떻게 커리어를 쌓아갈 것인지, 어떻게 현실에서 자리 잡을 것인지를 이야기한다. 자기 삶의 의미, 정의, 신념, 옳음을 좇는 것에 대해 말하는 사람은 거의 없다. 그렇기에 구범준 PD의 이야기가 어딘지 낯설게 느껴지기도 했다. 아직도 세상에는 삶의 진짜 의미랄 것을 좇는 사람이 있구나, 하고 말이다.

"저는 제 삶이 일종의 선순환에 들어섰다고 느낍니다. 세상을 바꾸는, 세상에 의미 있는 콘텐츠를 만드는 게 제 삶에도 좋고 의미가 되죠. 나아가 제가 만드는 콘텐츠 자체가 저에게 좋은 영향을 많이 주고 있어요. 그래서 저도 강연을 하거나 하면, 의미를 좇으며 선순환에 들어서는 삶에 대해 이야기를 많이 합니다."

그의 이야기를 들으면서, 내 삶도 과연 그런 선순환으로 굴러가고 있는지 생각해보게 되었다. 내가 하는 일들이 과연 이 세상에도 좋은 일일까. 내가 때로 세상에서 의미 있다고 믿는 일을 하면, 그 일은 내 삶에도 좋게 작용할까. 그런 일들이 또한 나에게 해롭지 않고 이로울까. 이런 질문을 하고 답하기는 쉽지 않지만, 삶에서 꼭 필요한 질문이라 느꼈다. 나에게는 '나의 세바시'가 있을까. 나는 나만의 '세상을 바꾸는 시간'을 만들어가고 있을까.

나는 두 시간 정도를 쉬지 않고 이야기하고 나서도, 지친 기색 하나 없는 그가 너무 신기했다. 그는 곧바로 점심도 제대로 먹지 않고 강연 촬영을 간다고 했다. 그 체력의 비결이 무어냐고 물어봤더니, 그는 청년들이 농구하고 있는 영상을 하나 보여주었다. "이게 저예요." 20대들과 농구를 하는 그는 전혀 어색해 보이지 않았다. 거기에 섞여 있는 모습이 너무나 자연스러워서 진심으로 놀라웠다.

"저는 행복은 근육이라고 생각해요."

그는 세바시를 만들면서 무척 긍정적으로 바뀌었다고 했다. 감정을 쓰거나 대화를 하는 방식도 많이 바뀌었고, 무엇보다 행복과 불행을 따지는 일이 없어졌다고 했다. 근육을 키우려면 근육을 쓸 수밖에 없듯이, 행복하려면 행복을 쓰는 수밖에 없다고 믿는다고 했다. 그래서 그저 인정하고, 받아들이고, 현재를 살기로 했다고 한다.

세바시가 있는 CBS 건물을 나오면서, 한동안 '삶의 의미'에 대해 생각했다. 그는 의미라는 단어 안에는 '타인의 삶에 대한 나의 개입'이 들어가 있다고 말했다. 삶의 의미는 타인의 증언 속에 있다는 그의 말을 기억하고 싶었다. 나도 죽을 때까지 '삶의 의미'를 좇고 싶다고 생각했다.

# 정재민 전 판사의
# 벽을 부수는 마음

"그날 새벽 바다가 여전히 생생하게 기억나네요. 새벽에 건
조 중인 군함의 갑판 위에 올랐을 때, 수평선을 보면 무언가
확 풀리는 느낌이 들었죠. '이만하면 됐다.' 그런 생각이 들
었어요."

그는 판사였다. 그리고 그 후 법무부에서 법을 만들거나
소송을 지휘하는 역할을 했다. 대표적으로 민법에 '동물은 물
건이 아니다'라는 조항이나 '데이터권', '인격권' 등을 넣는 개
정안, 출생통보가 안 된 아이를 보호하는 '출생통보제' 법안 등
이 그가 만든 것이다. 그런데 삶에서 가장 인상 깊은 순간들을
이야기할 때, 그는 새벽에 건조 중인 선박 위를 오른 일을 말했
다. 그는 법원과 법무부에서 중요한 역할을 했지만, 놀랍게도

'군함'을 만들기도 했다.

"삶에서 100퍼센트 행복한 순간을 말하라면, 저는 법무관 때가 떠오릅니다. 당시는 요즘처럼 인터넷이 발달하지도 않았고, 원하는 강의를 언제 어디에서나 들을 수 있는 환경도 아니었죠. 그때 대학로에서 무료로 문학 강의를 해준다는 얘기를 듣고 세 시간씩 차를 몰고 가서 강의를 들었어요. 진짜 소설가를 눈앞에서 볼 수 있다는 게 너무 신기했고, 주변에는 모두 법조인이다보니 문학을 하는 사람도 없었죠. 그렇게 차를 달려 강의장에 도착하면, 마치 세상의 모든 현실과 세속은 사라지고 내가 진짜 원하는 '다른 세계'가 펼쳐지는 듯했어요. 마냥 행복했죠."

tvN 〈알쓸범잡〉에 출연한 것으로도 널리 알려진 정재민 전 판사는 법무관이었고, 판사였고, 법무부에서 법을 만든 것도 맞다. 그러나 그는 군함을 만들기도 했고, 소설가이기도 하다. 세계문학상 등 전업 소설가도 받기 어렵다는 문학상을 수상하기도 했다. 그의 삶을 특정한 직업군으로 분류하기는 쉽지 않다. 이 글에서도 그를 '전 판사'라고 지칭하긴 하지만, 전직 방위사업청 과장이나 현직 소설가 등 무엇으로 지칭해도 틀린 말이 아니다.

그는 삶의 여러 순간을 이야기했다. 그중에는 법무심의관으로 일하면서 법을 만들 때의 즐거움, 외교부에서 국제소송 매뉴얼을 만드는 일의 보람, 국방부에서 일할 때 외국에서 협상하던 일 등 다양한 이야기들이 있었다. 나는 그가 세상의 수많은 나라를 여행하듯, 다양한 세계를 여행하는 사람 같다고 느꼈다. 그는 군함이 건조 중인 바다 위로, 문학이 있는 대학로로, 국제재판소가 있는 네덜란드로, 새로운 법이 만들어지는 국회로, 그렇게 부단히도 '떠나가는' 사람처럼 보였다. 나는 새로운 세계를 여행하는 그 마음의 근원이 무엇인지 궁금했다.

### 상황의 틈새를 뚫고 나가는 마음

그는 판사로 10년 이상을 근무했지만, 사실 청소년기 때만 하더라도 판사라는 직업을 원했던 적은 없었다고 했다. 그저 당시에는 공부를 잘하면 법대에 가고, 할 수만 있다면 판사를 하는 게 당연한 분위기였고, 그런 '상식'에 따라 어느덧 자신도 법조인의 길을 걷고 있었다고 했다.

"중학생 때 어머니가 암 판정을 받고 집안 사정이 여러모로 많이 힘들었어요. 저는 막연히 무언가 창의적인 일을 하고 싶다고 생각했지만, 어머니는 항상 제게 법조인이 되라고 하셨죠. 어머니는 사법시험을 치기 3일 전에 돌아가셨어요. 아버지는 시험에 방해될까봐 제게 그 사실을 비밀로 하셨죠."

나는 그의 '마음'이 궁금했는데, 그는 자기 삶에서 중요했던 건 마음보다는 상황이었던 것 같다고 말했다. 자신이 주어진 상황에서 무엇을 할 수 있는가, 항상 상황의 한계 안에서 마음도 고려했다고 했다. 법조인의 길을 걷게 된 것도 그 시대 분위기, 주위 어른들의 조언 등 주변 '상황'의 힘이 컸던 셈이다.

"법을 그다지 하고 싶지 않았는데도 법 공부를 계속한 다른 이유도 있어요. 그건 제가 다소 이것저것 하고 싶어하는 편이라, 오히려 나의 성향과 다른 성격의 직업에, 특히 섣불리 행동하기보다는 판사처럼 남의 말을 잠자코 경청해야 하는 직업에 저를 억지로 잡아두는 게 낫겠다는 생각을 했던 거죠. 나를 잡아두는 게 나의 성숙과 균형 있는 성장에 유익하겠다고 생각했달까요. 막상 계속해보니 또 그렇게까지 싫지도 않았고, 할 만하기도 했던 것 같아요."

그는 어떤 마음만을 내세우기보다는, 상황을 받아들이고 그 상황 안에서 최선을 다하는 방식으로 살게 되었다고 했다. 그런데 하나 생각해볼 것은, 그것이 그렇다고 단순히 상황에 늘 '순응'하는 것은 결코 아니라는 점이었다. 만약 그가 늘 상황에 순응하기만 했다면, 군함을 만들었던 전 판사이자 현직 소설가 같은 '이상한' 수식어구가 그에게 붙을 리 없다. 나는 그가 상황이라는 울타리 사이사이를 날카롭게 응시하며 그 틈새를 발견하는 묘한 '마음'이 있다는 생각이 들었다.

"사법고시생이던 대학 시절이었어요. 대학에서 독일어 수업을 듣다가, 교수님께 헤르만 헤세의 《유리알 유희》에 대해 물었던 적이 있었죠. 저는 청소년기에 그냥 소설이 좋아서 많이 읽었었는데, 이 '유리알 유희'가 무엇인지 도저히 모르겠더라고요. 교수님이 답하길, '유리알 유희는 소설이다'라고 하셨어요. 인류가 만든 종합 예술의 끝이 '유리알 유희'이고, 그게 소설의 메타포라는 것이었죠."

그는 그때부터 사법고시 준비를 하면서 소설을 썼다고 했다. 당시 어머니는 암 투병 중이었고, 그는 법대생이었다. 그 '상황의 틈'으로 그의 마음이 뚫고 들어갔다. 내게는 마치 마음이 빛이 되어 어둠의 틈새를 뚫고 나가는, 그런 이미지가 머릿속에 그려졌다.

그는 사법연수원생 시절에도 소설을 썼다. 판사를 하면서는 《지금부터 재판을 시작하겠습니다》와 《혼밥 판사》라는 에세이도 썼다. 그는 계속 글을 썼다. 그는 마음보다 상황이 중요했다고 말했지만, 내 생각에 그의 마음은 때론 상황과 어우러지면서도, 때론 상황을 뚫고 나왔을 것이다. 벽을 뚫고 나오는 빛, 그 이미지를 떠올리면, 어쩐지 그의 마음에 한발 더 다가간 느낌이 든다.

### 판사를 그만둘 결심

언젠가 나는 그에게서 '폐소공포'라는 말을 들은 적이 있었다. 사실 그는 나의 첫 직장이었던 법무부 법무심의관실의 상사였고, 그러다보니 그와 자연스럽게 점심을 먹거나 이야기할 일들이 있었다. 그냥 상사가 아니라 부처의 '장'이었는데, 나는 꽤 당돌하게 이런 질문을 했던 걸로 기억한다. "혹시 판사라는 남부럽지 않은 직장을 그만두신 이유가 있었나요?"

당시 들었던 이야기와 이번 인터뷰에서 들은 이야기를 합하면, 대략 다음과 같은 대답이 된다.

"판사로 일하면서 느낀 점도 많고 좋은 점도 있었지만, 시간이 흐를수록 일종의 '폐소공포'를 느꼈어요. 판사는 미래가 정해져 있거든요. 서울, 수도권, 지방을 돌게 되는 판사의 인사도 예측 가능성이 높아서 나의 5년, 10년 후 미래를 보여주는 선배들이 눈앞에 지나다니죠. 일하는 방식도 5년, 10년이 지나도 크게 달라지지 않고요. 어딘지 뻔한 인생에 갇힌 느낌이 들었죠."

회사를 다니다보면, 주위의 직장 상사를 보면서 '저게 나의 미래겠구나' 하는 생각을 누구나 한 번쯤 해보게 된다. 나 또한 그랬다. 그럴 때, 그 모습이 좋고 나쁘고를 떠나서, 그렇게 나의 미래가 확고부동하게 정해져 있다는 느낌이 든다면, 그 '정해진 미래'로부터 누군가는 벗어나고 싶을 것이다. 그 또한 정해진 미래가 아닌, 자기가 만들어나가는 예측할 수 없는 삶을 바랐다.

"사건은 끝이 없죠. 컨베이어벨트에 실린 것처럼 사건은 끝없이 들어오는데, 어느 순간 내가 평생 이렇게 끝없이 사건들만 처리하며 법원에 갇혀 있는 걸 내가 '진짜 원하나' 하는 생각이 들었죠. 그래서 뭐가 됐든 판사 일이 아닌 다른 일을 하고 싶었어요. 그때 안보, 법, 경제, 국제적인 문제들이 유기적으로 얽혀 있으면서 무언가를 만드는 방위사업청의 공고가 눈에 들어왔죠."

여기에서 나는 다시 그의 '상황을 뚫고 나가는' 마음의 빛을 본 느낌이 든다. 법조인의 세계에서 판사가 된다는 건 그 자체로 선망의 대상이기도 하다. 판사가 되고 나면 단독부 재판장이 되고, 그러고 나면 부장판사가 되고, 그 이후에는 서울에 올라오고, 고등법원으로 가는 식의 '엘리트 코스'랄 게 있다. 그도 그 길을 그저 따라갈 수 있었다. 그러나 그때, 그에게 저 수평선을 향해 나서는 새벽의 빛이랄 게 보였다. 그는 그 빛을 따라가기로 마음먹는다.

"주변에서는 다들 부장판사 직함을 달고 그만두라고 했어요. 보통 판사 생활 16년 차에 부장이 되는데, 독립적이고 높은 지위를 얻게 되죠. 그런데 저는 오히려 부장이 되기 전에 그만두어야겠다고 생각했어요. 부장판사가 되는 순간, 영원히 판사로 살 것 같았거든요. 몸집이 너무 커져서 다른 자리에서는 받아주지도 않을 것 같았달까요. 그래서 부장이되기 전 15년 차에 국방부 방위사업청의 과장이 되기로 했습니다. 과장이라면 조금 더 직원들과 지지고 볶으면서, 조금 더 젊고 역동적인 마음으로 일을 해낼 수 있을 것 같았어요."

언뜻 들으면 쉬운 일처럼 보여도, 나는 그것이 큰 용기가필요한 일임을 안다. 삶에서 가장 큰 용기가 필요할 때는, 우리에게 주어진 것, 당연히 주어질 것을 포기할 때가 아닌가 싶다. 그는 자신에게 주어질 수 있었던 보다 큰 독립성과 높은 위계, 안정적인 지위를 거부했다. 대신 더 벅찬 삶을, 컨베이어벨트에서 벗어난 삶을 바랐다.

"저는 항상 사는 듯 살고 싶었어요."

그는 '사는 듯 사는 것'을 추구한다고 했다. 그게 무어냐고물었더니, 마치 '재즈가 무엇이냐'는 질문에 대답하기 힘든 것과 비슷하다고 했다. 그래도 그의 이야기를 듣다보니 그 말이무엇인지 알 것 같았다. 조금 더 자기 자신으로 사는 것, 진짜 삶을 사는 것, 상황을 비집고 나오는 마음의 힘을 조금 더 믿으면서 용기를 발휘하는 것, 그리하여 이윽고 상황이 자신을 억누르는 것이 아니라, 자기 자신이 곧 상황이 되어가면서, 상황과 마음이 물 흐르듯 자연스럽게 어우러지는 어떤 상태에 이르러가는 것이 아닐까, 생각했다.

## 벽을 부수고 나아가는 마음

"만약 어느 예언가가 제 인생의 미래를 보여준다고 하면, 저는 절대 안 볼 겁니다. 그러면 삶이 하나도 재미없을 것 같거든요. 인생이 뻔히 보이는 건 싫어요. 한 번뿐인 삶이니 다양한 풍경을 보고 싶어요."

어린 시절, 우리는 벽에 난 작은 구멍으로 세상을 본다. 무한하게 펼쳐진 세상을 상상하며 꿈을 꾼다. 나이가 들어가면서 우리는 조금 더 넓은 세상으로 나간다. 그러면서 점점 상상하고 꿈꾸는 힘을 잃어버린다. 그러나 대개 그 세상조차 하나의 울타리로 둘러싸여 있다. 그다음에는 그 벽을 볼 수 있는 사람, 그리고 다시 그 벽에 난 구멍을 찾을 수 있는 사람, 또 그 너머를 상상할 수 있는 사람, 마지막으로 다시 그 벽을 부수고 나가는 사람으로 나뉜다. 정재민은 그중 마지막 부류의 사람이라는 생각이 들었다.

"대학생 때는 우울증 같은 게 있었어요. 왜 사는지 모르겠더라고요. 기본적으로는 다 덧없다고 생각해요. 공직 생활을 23년 하면서 공익에 봉사하며 보람도 많이 느꼈지만, 돌아서면 또 아무것도 아닌 것 같기도 해요. 1년만 지나면 또 다 덮여서 물밑의 일이 되고, 어찌 보면 그냥 백지죠. 그런데 저는 그게 좋아요. 매년 그렇게 백지로 새해를 시작하고 싶어요. 지난 시절은 마치 없었던 것처럼."

그는 매번 백지에 새해를 그려나가듯 삶을 살았다. 그런데 그의 삶을 한발 뒤에서 보면, 그 궤적이 참으로 독특하고도 멋진 그림을 그려낸 것 같았다. 마치 거대한 모래벌판 위에서 샌드 페인팅을 하는 예술가가 떠올랐다. 그는 눈앞의 백지 같은 모래 위에 자신의 궤적을 그려나갈 것이고, 그의 앞에는 늘 모래벌판만이 놓여 있을 것이다. 그러나 높은 하늘에서 내려다본다면, 그 그림은 티베트 승려의 만다라처럼 근사한 그림이 되어 있을 것만 같다.

어쩌면 우리가 삶에서 지녀야 하는 태도도 그런 것일지 모른다. 대단하고 거창한 그림을 그리고야 말겠다는 마음보다는, 눈앞의 백지에 충실하며 나아가는 것, 어떻게든 새로운 용기를 내는 것, 마음으로 눈앞의 벽을 부수고 나아가는 것, 그런 나날들을 이어가다보면 인생의 그림이란 저절로 그려져 있을 것이다.

판사이자 소설가였고, 외교부와 국제재판소를 거쳤으며, 군함을 만들고 법을 만들던 그는 이제 또 다른 백지 앞에 섰다. 오랜 공직 생활을 끝으로 로펌을 차리고 운영하는 새로운 삶으로 들어섰다.

앞으로 그가 또 어떤 벽을 부수고 나갈지, 그의 마음이 어떤 구멍을 찾아내어 삶을 펼칠지 궁금해진다. 그런데 이상하게, 그의 마음은 이 세상에 그에게 맞는 무언가를 만들어내고야 말 것 같다. 나를 둘러싸고 있는 벽은 또 무엇인지, 나도 그처럼 그 벽의 구멍을 찾아내고, 그 너머를 상상하고 싶다고 생각했다.

**돈 말고 무엇을 갖고 있는가**

© 정지우
1판 1쇄 2024년 8월 9일
1판 3쇄 2024년 9월 27일

지은이 ♦ 정지우
펴낸이 ♦ 고우리
펴낸곳 ♦ 마름모
등  록 ♦ 제 2021 - 000044호(2021년 5월 28일)
전  화 ♦ 070-4554-3973
팩  스 ♦ 02-6488-9874
메  일 ♦ marmmopress@naver.com
블로그 ♦ blog.naver.com/marmmopress
I S B N ♦ 979-11-985065-8-0 (03190)

평행하는 선들은 결국 만난다 ♦ 마름모